Limmer · Erbbaurecht

Erbbaurecht

Von
Notar Dr. Peter Limmer, Würzburg

Verlag für die
Rechts- und
Anwaltspraxis

Die Deutsche Bibliothek – CIP-Einheitsaufnahme

Limmer, Peter:
Erbbaurecht / Peter Limmer. – Recklinghausen : ZAP-Verl., 2001
ISBN 3-89655-062-4

ISBN 3-89655-062-4

© ZAP Verlag für die Rechts- und Anwaltspraxis GmbH & Co., 2001

Alle Rechte sind vorbehalten.

Dieses Werk und alle in ihm enthaltenen Beiträge und Abbildungen sind urheberrechtlich geschützt. Mit Ausnahme der gesetzlich zugelassenen Fälle ist eine Verwertung ohne Einwilligung des Verlages unzulässig.

Druck: Koninklijke Wöhrmann B. V., Niederlande

Vorwort

In manchen Großstädten kosten Baugrundstücke mittlerweile fast soviel wie ein ganzes Haus. Das Erbbaurecht stellt damit ein sachgerechtes Gestaltungsmittel dar, um Wohneigentum ohne die erhebliche Belastung durch den Erwerb des Grundstücks zu ermöglichen. Es bietet in der Praxis alle Vorzüge echten Eigentums, und es ist ausgesprochen billig. Meist liegt der Erbbauzins leicht unter der Rendite für langfristige Kapitalanlagen, oder sogar noch weniger, wenn Kirchen oder Gemeinden das Erbbaurecht einräumen, um finanziell schwachen Bürgern den Weg zum eigenen Heim zu ebnen.

Anders als der Erwerb einer Immobilie zu Eigentum setzt allerdings der Erbbaurechtsvertrag umfangreiche Gestaltungen voraus, da er die Rechtsbeziehung des Grundstückseigentümers und des Erbbauberechtigten für meist 99 Jahre, also häufig mehr als eine Generation regelt.

Die Erbbauverordnung lässt vielfältige Gestaltungsvarianten zu, die allerdings sorgfältig eingesetzt werden wollen. Für den Vertragsgestalter gilt es dabei, die Interessen des Grundstückseigentümers und des Erbbauberechtigten in Einklang zu bringen und die Beteiligten angemessen gegen die Wechselfälle des Lebens zu sichern. Den verschiedenen Gestaltungsmöglichkeiten steht daher die Verantwortung des Rechtsberaters gegenüber, die angemessene und sachgerechte Gestaltung zu finden. Im vorliegenden Werk werden die verschiedenen Gestaltungsebenen ausführlich behandelt und mit vielfältigen Fall- und Formulierungsbeispielen erläutert. Dem Praktiker soll dabei die Möglichkeit gegeben werden, sich schnell, aber auch fundiert mit den wichtigsten Problemen des Erbbaurechtes vertraut zu machen.

Würzburg im Mai 2001, Notar Dr. Peter Limmer

Inhaltsverzeichnis Seite

Vorwort V
Inhaltsverzeichnis VII
Literaturverzeichnis XI
Abkürzungsverzeichnis XIII

Abschnitt A: Systematischer Teil

I. **Einleitung** 1
    1. Wirtschaftlicher Hintergrund 1
    2. Rechtliche Definition 3

II. **Gesetzlicher Inhalt des Erbbaurechts** 6
    1. Überblick 6
    2. Begriff des Erbbaurechts 8
    3. Der gesetzliche Inhalt des Erbbaurechts
       nach § 1 ErbbauVO 9
       a) Grundlagen 9
       b) Haben eines Bauwerks 10
          aa) Begriff 10
          bb) Eigentumserwerb am Bauwerk 11
          cc) Bestimmtheitsgrundsatz 13
          dd) Verbot horizontaler Teilung
             (§ 1 Abs. 3 ErbbauVO) 17
       c) Belastungsgegenstand 18
          aa) Grundstück 18
          bb) Teilflächen 19
          cc) Ausübungsbefugnis des Erbbaurechts ... 27
          dd) Wohnungseigentum und Erbbaurecht 32
       d) Erbbauberechtigter 33
       e) Übertragbarkeit und Vererblichkeit des
          Erbbaurechts, Bedingungen 36

III. **Vertraglicher Inhalt des Erbbaurechts** 41
    1. Allgemeines 41
    2. Voraussetzungen der dinglichen Wirkung 42
    3. Wirkungen 43
    4. Errichtung, Instandhaltung und Verwendung
       des Bauwerks (§ 2 Nr. 1 ErbbauVO) 46
    5. Versicherung des Bauwerks und sein Wiederaufbau
       im Fall der Zerstörung (§ 2 Nr. 2 ErbbauVO) .. 49
    6. Tragen der öffentlichen und privatrechtlichen Lasten
       und Abgaben (§ 2 Nr. 3 ErbbauVO) 51

	7.	Heimfall (§ 2 Nr. 4 ErbbauVO)	56
		a) Allgemeines	56
		b) Heimfallgründe	58
		c) Inhalt des Heimfallrechts und Ausübung	65
		d) Vergütung	68
	8.	Vertragsstrafe (§ 2 Nr. 5 ErbbauVO)	74
	9.	Vorrecht auf Erneuerung (§ 2 Nr. 6 ErbbauVO)	76
	10.	Verkaufsverpflichtung des Eigentümers (§ 2 Nr. 7 ErbbauVO) und Kaufzwangklausel	81
		a) Ankaufsrecht	81
		b) Kaufzwangklauseln	87
IV.	**Verfügungsbeschränkungen (§§ 5 - 8 ErbbauVO)**		88
	1.	Normzweck	88
	2.	Die Zustimmungspflicht als vertraglicher Inhalt des Erbbaurechts	89
		a) Allgemeines	89
		b) Voraussetzungen	91
		c) Die Veräußerung und Belastung	94
		aa) Veräußerung	94
		bb) Belastungen	95
		d) Veräußerung im Wege der Zwangsvollstreckung (§ 8 ErbbauVO)	99
	3.	Die Rechtswirkungen (§ 6 ErbbauVO)	103
	4.	Der Anspruch auf Zustimmung (§ 7 ErbbauVO)	104
		a) Der Zustimmungsanspruch bei Veräußerung (§ 7 Abs. 1 ErbbauVO)	104
		b) Die Voraussetzungen des Zustimmungsanspruchs	105
		c) Zustimmungsberechtigter	108
		d) Zustimmung zur Belastung (§ 7 Abs. 2 ErbbauVO)	109
		e) Ersetzung der Zustimmung (§ 7 Abs. 3 ErbbauVO)	112
V.	**Sonstige schuldrechtliche Vereinbarungen**		116
	1.	Allgemeines	116
	2.	Einzelne schuldrechtliche Vereinbarungen	117
		a) Das dem Erbbaurecht zugrundeliegende Kausalgeschäft	117
		b) Leistungsstörungen	119
		c) Die Gegenleistung	120
		d) Sonstige schuldrechtliche Vereinbarungen	121
		aa) Vorkaufsrecht	121
		bb) Zwangsvollstreckungsunterwerfung	122
		cc) Rechtsnachfolgeklausel	123

VI.	Die Bestellung des Erbbaurechts und die Grundbucheintragung	124
	1. Überblick	124
	2. Die dingliche Bestellung des Erbbaurechts	125
	a) Einigung nach § 873 BGB	125
	b) Nichtiger Erbbaurechtsvertrag und Grundbucheintragung	126
	c) Genehmigungen	127
	d) Die Grundbucheintragung	129
VII.	**Der Erbbauzins**	
	1. Der wirtschaftliche Wert der Gegenleistung	135
	2. Begriff und Inhalt des Erbbauzinses	138
	3. Entstehung des Erbbauzinses	142
	4. Der Bestimmtheitsgrundsatz und Anpassungsvereinbarungen	147
	a) Die Regelung vor dem SachRBerG	147
	b) Die Neuregelung des § 9 Abs. 2 ErbbauVO durch das Sachenrechtsänderungsgesetz vom 21.9.1994	149
	c) Erneute Änderung durch das Euroeinführungsgesetz	158
	d) Fälligkeit des Erbbauzinses	163
	5. Der Beginn der Zahlungspflicht	167
	6. Anpassungsvereinbarungen (Wertsicherung)	169
	a) Zweck	169
	b) Zwangsvollstreckungsunterwerfung und Anpassung	170
	c) Die Anpassung des Erbbauzinses	174
	d) § 9 a ErbbauVO	184
	e) Genehmigung nach Preisangabengesetz	188
	7. Die dingliche Sicherung des Erbbauzinses	191
	a) Die Rechtslage vor dem SachRBerG	192
	b) Die Neuregelung durch das Sachenrechtsänderungsgesetz	198
	aa) Neufassung von § 52 Abs. 2 ZVG	198
	bb) Die Neuregelung in § 9 Abs. 3 ErbbauVO	200
	cc) Eintragung einer Reallast	205
	dd) Der Rang der Erbbauzinsreallast	210
VIII.	**Dauer des Erbbaurechtes**	211
	1. Erlöschen durch Aufhebung	211
	2. Erlöschen durch Zeitablauf	212
	3. Der gesetzliche Entschädigungsanspruch (§ 27 Abs. 1 ErbbauVO)	215
	4. Untergang von Grundpfandrechten und Reallasten (§ 29 ErbbauVO)	219

IX.	**Besondere Fallgestaltungen**	220
	1. Untererbbaurecht	220
	2. Gesamterbbaurecht	225
	3. Nachbarerbbaurecht	231
	4. Mehrere Erbbaurechte auf einem Grundstück	234
	5. Wohnungserbbaurecht	236
X.	**Die Übertragung des Erbbaurechts**	237
XI.	**Inhaltsänderung und Aufhebung des Erbbaurechts** . . .	244
	1. Inhaltsänderung	244
	2. Aufhebung	248
XII.	**Belastung des Erbbaurechts**	250
XIII.	**Teilung des Erbbaugrundstücks und des Erbbaurechts** .	252
	1. Teilung des Erbbaugrundstücks	253
	2. Teilung des Erbbaurechts	255
XIV.	**Umwandlung von Wohnungserbbaurechten in Wohnungseigentum**	257
XV.	**Anpassung des Erbbauzinses bei fehlender Wertsicherung**	270
XVI.	**Erbbaurecht und Grunderwerbsteuer**	272
	1. Allgemein	272
	2. Übertragung des Erbbaurechts	274
	3. Bestellung des Erbbaurechts	275
	4. Verlängerung der Laufzeit des Erbbaurechts	276
	5. Rechtsgeschäftliche Aufhebung des Erbbaurechts . . .	279
	6. Erlöschen des Erbbaurechts durch Zeitablauf	281

Abschnitt B: Rechtsprechungslexikon

Abschnitt C: Arbeits- und Beratungshilfen

Muster 1: Erbaurechtsvertrag 288

Muster 2: Kaufvertrag über ein Erbaurecht 289

Literaturverzeichnis

Amann, Die Anpassug von Reallastleistungen gem. § 323 ZPO, MittBayNot 1979, 219

Bambring/Jeschke, Beck'sches Notarhandbuch, 3. Aufl., 2000

Bärmann/Pick, Wohnungseigentumsgesetz, 14. Aufl., 1997

Bellinger/Kerl, Hypothekenbankgesetz, 4. Aufl., 1995

Bertolini, Erbbauzins und Vereinbarung gem. § 59 Abs. 1 ZPG, MittBayNot 1983, 112

Demharter, GBO, 23. Aufl., 2000

Demmer, Kaufzwangklauseln in Erbbaurechtsverträgen, NJW 1983, 1636

Eichel, Neuregelung des Erbbauzinses nach dem SachenRÄndG, MittRhNotK 1995, 193

Eickmann, Sachenrechtsbereinigungsgesetz, (Loseblatt, Stand 2000)

Erman, Kommentar zum Bürgerlichen Gesetzbuch, 10. Aufl., 2000 (zit.: Erman/Bearbeiter)

Götz, Die Beleihbarkeit von Erbbaurechten, DNotZ 1980, 3

Grauel, Teilung eines Erbbaurechts, ZNotP 1997, 21

Groth, Erbbaurecht, Erbbauzins, DNotZ 1983, 652

Habel, Rechtliche und wirtschaftliche Fragen zum Untererbbaurecht, MittBayNot 1998, 315

Schöner/Stöber, Grundbuchrecht, 12. Aufl., 2001

Ingenstau, Kommentar zum Erbbaurecht, 7. Aufl., 1994

Klawikowski, Neue Erbbauzinsreallast, Rpfleger 1995, 145

König, Verlängerungsmöglichkeiten beim Erbbaurecht - eine Übersicht, MittRhNotK 1989, 261

Lehmann, Zur Wertermittlung von Erbbaugrundstücken, 1974

Linde/Richter, Erbbaurecht und Erbbauzins in Recht und Praxis, 3. Aufl., 2000

Maaß, Das Erbbaurecht unter besonderer Berücksichtigung der durch das Sachenrechtsänderungsgesetz eingeführten Neuregelungen, DStR 1995, 1230, 1273

Mohrbutter Chr., Die Eigentümerrechte und der Inhalt des Erbbaurechts bei dessen Zwangsversteigerung, 1995

Mohrbutter H. und Chr., Die Neuregelung des Erbbauzinses, ZIP 1995, 806

Münchener Kommentar zum Bürgerlichen Gesetzbuch, 4. Aufl., 2000 (zit.: MünchKomm/Bearbeiter)

Münchener Vertragshandbuch, Bürgerliches Recht, 4. Aufl., 1998

Palandt, Bürgerliches Gesetzbuch, 59. Aufl., 2000 (zit.: Palandt/Bearbeiter)

Panz, Nochmals: Die Neuregelung des § 9 ErbbauVO, BWNotZ 1996, 5

Reithmann/Albrecht/Basty, Handbuch der notariellen Vertragsgestaltung, 7. Aufl., 1996

Rethmeier, Rechtsfragen des Wohnungserbbaurechts, MittRhNotK 1993, 145

Promberger, Vertragsklauseln über die Dauer des Erbbaurechts und ihre Auslegung, Rpfleger 1975, 233

Schneider, Das Untererbbaurecht, DNotZ 1976, 411

Soergel, Bürgerliches Gesetzbuch, 13. Aufl., 2000 (zit.: Soergel/Bearbeiter)

Staudinger, Kommentar zum Bürgerlichen Gesetzbuch, 13. Bearb., 2000 (zit.: Staudinger/Bearbeiter)

Stöber, Die nach Inhaltsvereinbarung bestehenbleibende Erbbauzinsreallast, Rpfleger 1996, 136

v. Oefele, Zur Hauptsacheeigenschaft des Bauwerks gem. § 1 Abs. 2 ErbbauVO, MittBayNot 1992, 29

v. Oefele, Änderung der Erbbaurechtsverordnung durch das SachenRÄndG, DNotZ 1995, 643

v. Oefele/Winkler, Handbuch des Erbbaurechts, 2. Aufl., 1995

Weber, Rangvorbehalt bei der neuen Erbbauzinsreallast, Rpfleger 1998, 5

Weitnauer, Anmerkung zu BayObLG Beschl. v. 16.7.57, DnotZ 1958, 413

Weitnauer, WEG, 8. Aufl., 1995

Wilke, Zur Auslegung des § 9 Abs. 2 ErbbauVO i. d. F. des SachenRÄndG 1994, DNotZ 1995, 654

Winkler, Das Erbbaurecht, NJW 1992, 2514

Wufka, Nachträgliche Änderungen des Erbbauzinses; DNotZ 1986, 473

Wufka, Kausalgeschäft und Einigung bei Erbbaurechtsbestellungen, DNotZ 1985, 651

Abkürzungsverzeichnis

a.A.	anderer Ansicht
a.a.O.	am angegebenen Ort
Abs.	Absatz
Abt.	Abteilung
AG	Amtsgericht
AGB	Allgemeine Geschäftsbedingungen
AGBG	Gesetz zur Regelung des Rechts der Allgemeinen Geschäftsbedingungen
Anm.	Anmerkung
Aufl.	Auflage
BauGB	Baugesetzbuch
BayObLG	Bayrisches Oberstes Landesgericht
BB	Der Betriebsberater (Zs.)
BeurkG	Beurkundungsgesetz
BFH	Bundesfinanzhof
BFHE	Sammlung der Entscheidungen des BFH
BGB	Bürgerliches Gesetzbuch
BGBl	Bundesgesetzblatt
BGH	Bundesgerichtshof
BGHZ	Sammlung der Entscheidungen des BGH in Zivilsachen
BT-Drs.	Bundestagsdrucksache
BWNotZ	Zeitschrift für das Notariat in Baden-Württemberg
bzgl.	bezüglich
bzw.	beziehungsweise
ca.	circa
DB	Der Betrieb (Zs.)
ders.	derselbe
d.h.	das heißt
DM	Deutsche Mark
DNotI	Deutsches Notarinstitut
DNotZ	Deutsche Notar-Zeitschrift
DStR	Deutsches Steuerrecht (Zs.)

ErbbauVO	Verordnung über das Erbbaurecht
FG Prax	Praxis der freiwilligen Gerichtsbarkeit (Zs.)
GBO	Grundbuchordnung
GBVfG	Grundbuchverfügung
gem.	gemäß
GrEStG	Grunderwerbsteuergesetz
GVO	Grundstücksverkehrsordnung
h.M.	herrschende Meinung
i.S.d.	im Sinne der/des
i.V.m.	in Verbindung mit
KAG	Kommunalabgabengesetz
KG	Kammergericht
LG	Landgericht
MDR	Monatsschrift für Deutsches Recht
MittBayNot	Mitteilungen des Bayrischen Notarvereins, der Notarkassen und der Landesnotarkammer Bayern
MittRhNotK	Mitteilungen der Rheinischen Notarkammer
MünchKomm	Münchener Kommentar
m.w.N.	mit weiteren Nachweisen
NJW	Neue Juristische Wochenschrift (Zs.)
NJW-RR	NJW-Rechtsprechungsreport Zivilrecht
Nr.	Nummer
OLG	Oberlandesgericht
OLG-NL	OLG-Rechtsprechung Neue Länder (Zs.)
PrKVO	Preisklauselverordnung
Rn.	Randnummer
Rpfleger	Der deutsche Rechtspfleger (Zs.)

s.	siehe
S.	Seite
SachRÄndG	Sachenrechtsänderungsgesetz
SachRBerG	Sachenrechtsbereinigungsgesetz
u. U.	unter Umständen
vgl.	vergleiche
VIZ	Zeitschrift für Vermögens- und Immobilienrecht
WährG	Währungsgesetz
WEG	Wohnungseigentumsgesetz
WM	Wertpapiermitteilungen (Zs.)
z.B.	zum Beispiel
ZIP	Zeitschrift für Wirtschaftsrecht
ZNotP	Zeitschrift für die Notarpraxis
ZPO	Zivilprozeßordnung
Zs.	Zeitschrift
ZVG	Gesetz über die Zwangsversteigerung und Zwangsverwaltung

Abschnitt A: Systematischer Teil

I. Einleitung

1. Wirtschaftlicher Hintergrund

Das Erbbaurecht gewährt dem Berechtigten das **veräußerliche und vererbliche Recht**, auf oder unter der Oberfläche des Grundstücks **ein Bauwerk zu haben (§ 1 Abs. 1 ErbbauVO)**. Der Zweck des Erbbaurechts ist seit seiner Einführung am 22. 1. 1919 die **Eigentumsbildung** von weiten Schichten der Bevölkerung, um sich eigenen Wohnraum zu schaffen. Das bereits kurz nach dem ersten Weltkrieg aufgezeigte Problem teurer Immobilienpreise hat sich in den letzten Jahren angesichts der zunehmenden Immobilienpreise, insbesondere in den Großstädten, ebenfalls als bedeutsam herausgestellt. Die Bundesregierung mißt in einer Antwort auf eine kleine Anfrage aus dem Bundestag dem Instrument der Erbbaurechtsvergabe gerade in Ballungszentren erhebliche Bedeutung bei und ist dabei der Auffassung, daß die Praxis noch nicht alle Möglichkeiten ausschöpft, die die geltende Rechtslage den Interessenten bietet (vgl. BT-Drs. 13/9478 v. 15. 12. 1997, S. 3). Insbesondere Gemeinden und kirchliche Einrichtungen machen in der Praxis überwiegend von der Ausgabe eines Erbbaurechts Gebrauch, da die entsprechenden öffentlich-rechtlichen Vorschriften häufig die Veräußerung des Grund und Bodens verbieten. Das **Erbbaurecht** hat insbesondere den Vorteil, daß der Erwerb einer Immobilie mit geringerem Eigenkapital möglich ist und daß für den häufig teuren Grund und Boden kein Kaufpreis gezahlt werden muß. Insofern führt das Erbbaurecht zu einer Verringerung des notwendigen Eigenkapitals und der anfänglichen Belastung des Investors. Meist liegt der Erbbauzins unter der Rendite für langfristige Kapitalanlagen, so daß sich die Investition in ein Erbbaurecht auch wirtschaftlich lohnen kann. Zu berücksichtigen ist allerdings, daß der Erbbauberechtigte nicht an eventuellen Wertsteigerungen des Grundstücks teilnimmt. Es ist zu vermuten, daß angesichts weiter steigender Preise für Grundstücke das Erbbaurecht in Zukunft noch eine größere Bedeutung erlangen wird. Im **gewerblichen** Bereich kann die Erbbaurechtsinvestition auch insofern sinnvoll sein, da liquiditätsschonende Gebäudeinvestitionen auf rechtlich gesicherter Grundlage möglich sind. Für die gewerbliche Wirtschaft ist die in der Liquidität erhebliche Investition in ein Grundstück häufig nicht von Vorteil, da auf das Grundstück keine steuerlichen Abschreibungen vorgenommen werden können, so daß sich das Erbbaurecht ebenfalls als günstige Alternative bietet.

1

2 Zu beachten ist, daß das Erbbaurecht anders als ein Grundstückskaufvertrag, der in der Regel innerhalb weniger Wochen abgewickelt ist, ein **Dauerrechtsverhältnis** zwischen den Beteiligten begründet. Darüber hinaus ermöglicht die Erbbauverordnung relativ große Vertragsgestaltungsfreiheit, die einen individuellen Zuschnitt des Erbbaurechtsvertrages ermöglicht. Das Erbbaurecht läßt aus guten Gründen der Vertragsfreiheit einen breiten Spielraum, den die Beteiligten auch nützen müssen. Bei einer Beratung zur Erbbaurechtsbestellung ist daher sehr genau die wirtschaftliche Situation mit den rechtlichen Gestaltungsmöglichkeiten in Einklang zu bringen.

2. Rechtliche Definition

3 Das BGB geht grundsätzlich von der **Einheit von Grundstück und aufstehendem Gebäude** aus. Das Erbbaurecht ist – sieht man von der Möglichkeit eines Scheinbestandteiles nach § 95 BGB ab – die einzig bestehende Möglichkeit nach dem BGB, daß Eigentum am Bauwerk und Grundstückseigentum auseinanderfallen. Das Erbbaurecht verschafft dem Erbbauberechtigten Eigentum auf Zeit am Bauwerk und eine dem Grundstückseigentümer wirtschaftlich und rechtlich angenäherte Stellung (vgl. v. Oefele/Winkler, Handbuch des Erbbaurechts, S. 17). § 1 Abs. 1 ErbbauVO definiert das Erbbaurecht. Das Erbbaurecht ist das veräußerliche und vererbliche Recht, auf oder unter der Oberfläche eines Grundstücks ein Bauwerk zu haben. Das Erbbaurecht hat daher eine **„komplexe Doppelnatur"** (so v. Oefele/Winkler, Handbuch des Erbbaurechts, S. 22):

- Es ist einerseits ein dingliches Recht an einem Grundstück, also eine Grundstücksbelastung bzw. ein beschränkt dingliches Recht.

- Zum zweiten bewirkt das Erbbaurecht, daß Bauwerke, die sonst im Eigentum des Grundstückseigentümers stehen würden, zum Bestandteil des Erbbaurechts werden (§ 12 Abs. 1 S. 1 ErbbauVO) und demgemäß Gebäudeeigentum und Grundstückseigentum auseinanderfallen. Der Erbbauberechtigte ist dann Eigentümer des Gebäudes.

- Nach Entstehung des Erbbaurechts wird dieses wie ein Grundstück behandelt, das übertragbar und belastbar ist und dessen untrennbarer Bestandteil das Gebäude ist (§ 11 ErbbauVO).

4 Für das Erbbaurecht wird bei Eintragung in das Grundbuch von Amts wegen ein besonderes Grundbuchblatt angelegt, das sog. **Erbbaugrundbuch** (§ 14 ErbbauVO).

Bild 1

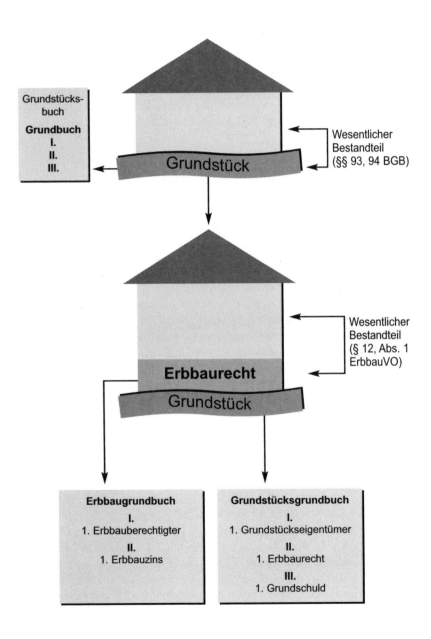

5 Besondere Bedeutung kommt dem Erbbaurecht in den **neuen Bundesländern** zu. Dort besteht auf der Grundlage der ehemaligen Vorschriften des DDR-Rechts vom Grund und Boden getrenntes Gebäudeeigentum, das nicht auf der Grundlage eines Erbbaurechts, sondern in der Regel auf der Grundlage eines sog. Nutzungsrechtes entstanden ist. Im Rahmen der Sachenrechtsbereinigung hat der Gesetzgeber mit dem **SachRBerG** die Aufgabe gelöst, diese dem BGB widersprechenden Rechtszustände zu bereinigen und in das Rechtssystem des BGB zu überführen. Neben dem Ankauf des Grundstücks durch den Gebäudeeigentümer besteht auch die Möglichkeit der Begründung eines Erbbaurechts mit der Folge, daß dann das Gebäudeeigentum wesentlicher Bestandteil des Erbbaurechts wird.

II. Gesetzlicher Inhalt des Erbbaurechts

1. Überblick

6 Bei der Urkunde zur Bestellung eines Erbbaurechts sind **verschiedene Regelungsbereiche** zu unterscheiden. (siehe Bild 2)

§ 1 ErbbauVO regelt den **gesetzlichen Inhalt** des Erbbaurechts. Ein Erbbaurechtsvertrag muß daher die gesetzlichen Inhaltserfordernisse nach § 1 ErbbauVO erfüllen, die den gesetzlichen Minimalinhalt beschreiben. Darüber hinaus können die Beteiligten im Rahmen der allgemeinen Vertragsfreiheit sämtliche Regelungen mit schuldrechtlicher Wirkung treffen. Diese schuldrechtlichen Abreden können mit dinglichen Sicherungsinstrumenten dinglich gesichert werden: Vormerkung, Reallast oder Hypothek. Die §§ 2–8, 27, 32 ErbbauVO sehen darüber hinaus vor, daß eine Reihe von **schuldrechtlichen Vereinbarungen** als Inhalt des Erbbaurechts dinglich vereinbart werden können. Die Besonderheit dieser dinglichen Ausgestaltung des Inhalts des Erbbaurechts ist, daß durch die Eintragung dieser an sich schuldrechtlichen Vereinbarung im Grundbuch diese Wirkung auch gegenüber Rechtsnachfolgern erzeugt wird, während die sonstigen schuldrechtlichen Abreden nur zwischen den am Erbbaurechtsvertrag Beteiligten wirken (vgl. zu dieser grundsätzlichen Dreiteilung des Inhalts eines Erbbaurechtsvertrages Winkler, Erbbaurecht, NJW 1992, 2514, 2518; v. Oefele/Winkler, Handbuch des Erbbaurechts, S. 123; Staudinger/Ring, BGB, § 1 ErbbauVO, Rn. 1; MünchKomm/v. Oefele, BGB, § 1 ErbbauVO, Rn. 1 f.). Bei der Gestaltung der Urkunde sollte diese Differenzierung, insbesondere der dingliche Inhalt eines Erbbaurechts, von den sonstigen schuldrechtlichen Abreden klar unterschieden werden. Dies hat auch den Vorteil, daß bei einer Veräußerung des Erbbaurechts die Bestimmungen, die auf den Sonderrechtsnachfolger ohne weiteres übergehen, deutlich sichtbar sind.

1. Überblick

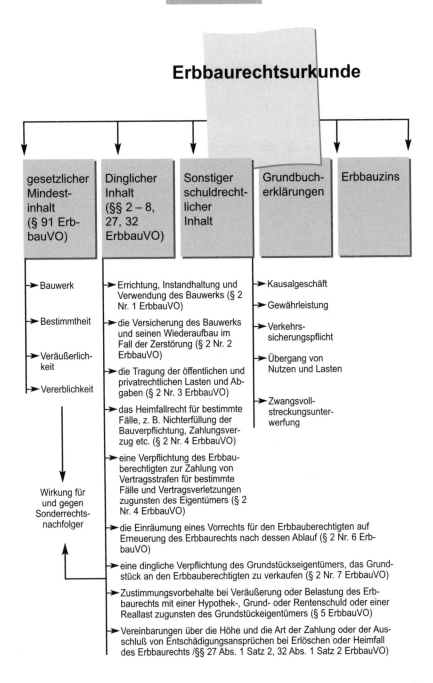

II. Gesetzlicher Inhalt des Erbbaurechts

7 Die Beteiligten können grundsätzlich einvernehmlich folgende Bestimmungen zum dinglichen Inhalt eines Erbbaurechts machen:

- Errichtung, Instandhaltung und Verwendung des Bauwerks (§ 2 Nr. 1 ErbbauVO),
- die Versicherung des Bauwerks und seinen Wiederaufbau im Fall der Zerstörung (§ 2 Nr. 2 ErbbauVO),
- die Tragung der öffentlichen und privatrechtlichen Lasten und Abgaben (§ 2 Nr. 3 ErbbauVO),
- das Heimfallrecht für bestimmte Fälle, z.B. Nichterfüllung der Bauverpflichtung, Zahlungsverzug etc. (§ 2 Nr. 4 ErbbauVO),
- eine Verpflichtung des Erbbauberechtigten zur Zahlung von Vertragsstrafen für bestimmte Fälle und Vertragsverletzungen zugunsten des Eigentümers (§ 2 Nr. 5 ErbbauVO),
- die Einräumung eines Vorrechts für den Erbbauberechtigten auf Erneuerung des Erbbaurechts nach dessen Ablauf (§ 2 Nr. 6 ErbbauVO),
- eine dingliche Verpflichtung des Grundstückseigentümers, das Grundstück an den Erbbauberechtigten zu verkaufen (§ 2 Nr. 7 ErbbauVO),
- Zustimmungsvorbehalte bei Veräußerung oder Belastung des Erbbaurechts mit einer Hypothek-, Grund- oder Rentenschuld oder einer Reallast zugunsten des Grundstückseigentümers (§ 5 ErbbauVO),
- Vereinbarungen über die Höhe und die Art der Zahlung oder der Ausschluß von Entschädigungsansprüchen bei Erlöschen oder Heimfall des Erbbaurechts (§§ 27 Abs. 1 Satz 2, 32 Abs. 1 Satz 2 ErbbauVO).

Andere als diese Vereinbarungen können nicht zum dinglichen Inhalt des Erbbaurechts gemacht werden und wirken lediglich schuldrechtlich zwischen den Beteiligten.

2. Begriff des Erbbaurechts

8 § 1 ErbbauVO regelt die **gesetzlichen Erfordernisse,** die unbedingt erfüllt sein müssen, damit ein Erbbaurecht zur Entstehung gelangt, und legt demgemäß den gesetzlichen Inhalt und den Begriff des Erbbaurechts fest: Das Erbbaurecht ist das Recht, auf oder unter der Oberfläche ein Bauwerk zu haben. Das Bauwerk ist nicht wesentlicher Bestandteil des Grundstücks, sondern des Erbbaurechts (§§ 95 Abs. 1 Satz 2 BGB, 12 Abs. 1 Satz 1 ErbbauVO). Das Erbbaurecht ist ein dingliches, d.h. grundbuchmäßig gesichertes und damit gegenüber jedermann wirkendes Recht zur Nutzung des fremden Grundstücks. Es ist veräußerlich und vererblich (§ 1 Abs. 1 Erb-

bauVO). Begrifflich ist das Erbbaurecht allerdings ein **Recht** und nicht eine Sache, allerdings mit einer Doppelnatur: Recht am Grundstück verbunden mit dem Sondereigentum am Bauwerk (vgl. MünchKomm/ v. Oefele, BGB, § 1 ErbbauVO, Rn. 5; Ingenstau, Erbbaurecht, § 1, Rn. 10; v. Oefele/Winkler, Handbuch des Erbbaurechts, S. 21). Man kann es also auch als Recht bezeichnen, das rechtlich der unbeweglichen Sache weitgehend angenähert ist, nämlich rechtlich als Grundstück behandelt wird. Nach **§ 11 ErbbauVO** finden daher auf das Erbbaurecht die sich auf Grundstücke beziehenden Vorschriften mit Ausnahme der §§ 925, 927, 928 BGB entsprechende Anwendung.

3. Der gesetzliche Inhalt des Erbbaurechts nach § 1 ErbbauVO

a) Grundlagen

Die ErbbauVO definiert folgende Mindestanforderungen, die im Bestellungsakt unbedingt enthalten sein müssen, damit ein Erbbaurecht zur Entstehung gelangt. Fehlt es an einem dieser Erfordernisse, kommt ein **Erbbaurecht nicht zur Entstehung** (vgl. Ingenstau, Erbbaurecht, § 1, Rn. 1; MünchKomm/v. Oefele, BGB, § 1 ErbbauVO, Rn. 8; v. Oefele/Winkler, Handbuch des Erbbaurechts, S. 29 f.). 9

b) Haben eines Bauwerks
aa) Begriff

Der zwingende gesetzliche Inhalt eines Erbbaurechts besteht nach § 1 Abs. 1 ErbbauVO darin, daß demjenigen, zu dessen Gunsten die Belastung des Grundstücks erfolgt, das Recht zusteht, auf dem Grundstück oder unter der Oberfläche „ein Bauwerk zu haben". Unter diesem Begriff ist nach allgemeiner Meinung eine unter Verwendung von Arbeit und Material in Verbindung mit dem Erdboden hergestellte Sache zu verstehen (RGZ 56, 41, 43; BGHZ 57, 60, 61 = NJW 1971, 2219; BGH, NJW 1992, 1681, 1683; Ingenstau, Erbbaurecht, § 1, Rn. 61; Schöner/Stöber, Grundbuchrecht, Rn. 1704). Hierunter fallen Gebäude und andere Bauwerke. Voraussetzung ist eine feste Verbindung mit dem Boden (BayObLG, OLGRspr. 6, 594, 596; OLG Kiel, OLGRspr. 26, 126; BGH, NJW 1992, 1683; MünchKomm/v. Oefele, BGB, § 1 ErbbauVO, Rn. 9; Ingenstau, Erbbaurecht, § 1, Rn. 62). Notwendig ist also das Herstellen einer **unbeweglichen** Sache, wenngleich diese auch nicht wesentlicher Bestandteil im Sinne des § 93 BGB sein muß. 10

Problematische Einzelfälle:

- Golfplatz (BGH, DNotZ 1992, 566)
- Tennisplatz (LG Itzehoe, Rpfleger 1973, 304)

II. Gesetzlicher Inhalt des Erbbaurechts

- Straße (LG Kiel, DNotZ 1973, 691)
- Gleisanlage (KG, OLGE 26, 126)
- Tiefgarage, sofern nicht Teil eines darüber befindlichen (nicht zum Erbbaurecht gehörenden) Gebäudes (LG Ulm, BWNotZ 1971, 68; v. Oefele/Winkler, Handbuch des Erbbaurechts, S. 32 a, 38)
- Campingplatz (LG Paderborn, MDR 1976, 79), wenn erhebliche bauliche Einrichtungen
- Tennishalle (OLG Frankfurt, OLG-Report 1998, 40).

Die **Beispielsfälle** zeigen, daß Sportplätze nur dann Gebäudecharakter haben, wenn mehr als nur Erdarbeiten (Planierung und Auffüllung) vorgenommen werden.

bb) Eigentumserwerb am Bauwerk

11 In vielen Fällen bei Erbbaurechtsverträgen soll das Bauwerk erst **nach Begründung des Erbbaurechts** errichtet werden. Gem. **§ 12 Abs. 1 Satz 1 ErbbauVO i.V.m. § 93 BGB** wird der Erbbauberechtigte Eigentümer des von ihm errichteten Gebäudes, und zwar auch, wenn die Errichtung vertragswidrig erfolgt (vgl. Palandt/Bassenge, BGB, § 12 ErbbauVO, Rn. 3). Ist das Bauwerk allerdings schon errichtet, kann ein Erbbaurecht auch für ein Bauwerk begründet werden, das bei Bestellung des Erbbaurechts bereits vorhanden ist (z.B. zur Umwandlung eines Pachtverhältnisses, vgl. Schöner/Stöber, Grundbuchrecht, Rn. 1704). Mit Bestellung des Erbbaurechts erfolgt in diesem Fall nach h.M. **kraft Gesetzes** der Erwerb des Eigentums an allen wesentlichen Bestandteilen des Grundstücks durch den Erbbauberechtigten, also auch am schon vorhandenen Bauwerk (Palandt/Bassenge, BGB, a.a.O., Rn. 3; Ingenstau, Erbbaurecht, § 12, Rn. 13; v. Oefele/Winkler, Handbuch des Erbbaurechts, S. 43; Staudinger/Ring, BGB, § 12, Rn. 11; Schöner/Stöber, a.a.O.). Nach § 12 Abs. 1 Satz 2 ErbbauVO wird jedes auf dem Grundstück stehende Bauwerk wesentlicher Bestandteil des Erbbaurechts. Der Erbbauberechtigte wird unmittelbarer Besitzer von Bauwerk und Baugrund; der Grundstückseigentümer wird mittelbarer Besitzer gem. § 868 BGB.

12 Nach der h.M. kann, wenn auf einem Grundstück **mehrere Gebäude** vorhanden sind, sich auch das Erbbaurecht nur auf eines oder mehrere von diesen beziehen, und zwar auch dann, wenn diese Gebäude nebeneinander, in räumlichem Zusammenhang errichtet sind, sie aber nach der Verkehrsauffassung als selbständige Gebäude aufgefaßt werden (so BayObLG, DNotZ 1985, 409 m. Anm. Weitnauer = Rpfleger 1957, 383; Ingenstau, Erbbaurecht, § 1, Rn. 82; v. Oefele/Winkler, Handbuch des Erbbaurechts,

S. 38). Für die Frage, ob selbständige Gebäude vorliegen oder ob es sich um ein einheitliches Gebäude handelt, stellte das BayObLG in seiner Entscheidung aus dem Jahre 1957 auf die Verkehrsanschauung ab, wie sie auch für die Beurteilung der Bestandteils- und Zubehöreigenschaft i.S.d. **§§ 93 ff., 97 ff. BGB** maßgebend ist. Selbständige Gebäude könnten auch dann vorliegen, wenn sie sich unter einem Dach befänden und voneinander nicht durch eine Brandmauer getrennt seien, eine andere Zweckbestimmung hätten, nach Gliederung und baulicher Anordnung selbständige (vertikale) Gebäudeabschnitte darstellen und unabhängig voneinander benutzt werden könnten (BayObLG, DNotZ 1958, 409, 412). Auch die Literatur ist bei der Feststellung des selbständigen Gebäudes relativ großzügig (vgl. v. Oefele/Winkler, Handbuch des Erbbaurechts, S. 39). Erfaßt das Erbbaurecht nur eines von mehreren auf dem Grundstück befindlichen Gebäude, so werden nur die erfaßten Gebäude Eigentum des Erbbauberechtigten. Die übrigen Gebäude bleiben Grundstücksbestandteil und damit im Eigentum des Grundstückseigentümers (vgl. v. Oefele/Winkler, Handbuch des Erbbaurechts, S. 38). Voraussetzung ist, daß der **Ausübungsbereich** des Erbbaurechts (vgl. unten) auf die Fläche **beschränkt** wird, auf der sich das fragliche Gebäude befindet (vgl. OLG Zweibrücken, FGPrax 1996, 131).

cc) Bestimmtheitsgrundsatz

Das **Golfplatz-Urteil** des BGH zeigt allerdings, daß im Hinblick auf die Gestaltung des Erbbaurechtsvertrages bei den problematischen Einzelfällen wie Golfplatz, Tennisplatz o.ä. an die Formulierung im Hinblick auf den **sachenrechtlichen Bestimmtheitsgrundsatz** (vgl. im einzelnen unten) besondere **Anforderungen** zu stellen sind: 13

„Der sachenrechtliche Bestimmtheitsgrundsatz fordert, daß bei der Bestellung eines Erbbaurechts dingliche Einigung und Grundbucheintragung mindestens die ungefähre Beschaffenheit des Bauwerks bezeichnen. Der Rechtscharakter einer Golfanlage als Bauwerk .... setzt im Einzelfall nicht voraus, daß sich die Befugnis des Erbbauberechtigten darauf erstreckt, sämtliche Bestandteile, die nach der Verkehrsauffassung typisch für eine solche Anlage sind, auf oder unter der Oberfläche des Grundstücks zu haben. Es ist daher zur Bezeichnung der Beschaffenheit der Golfanlage als Bauwerk erforderlich, daß die dingliche Einigung diejenigen Bestandteile mit angibt, die den **Bauwerkscharakter** des ganzen bestimmen. Dies sind die Gebäude, die nach ihrer Art zu bezeichnen sind und sonstige Bestandteile, die Gegenstand eines selbständigen Erbbaurechts sein können (z.B. feste Erschließungsanlagen, die nicht Bestandteil der Gebäude sind; BGH, DNotZ 1992, 566)." 14

Aus dem Bestimmtheitsgrundsatz des Sachenrechts und dem Publizitätsprinzip des Grundbuchs leitet die herrschende Meinung, obwohl dies vom 15

II. Gesetzlicher Inhalt des Erbbaurechts

Gesetz nicht vorgesehen ist, den sog. **Bestimmtheitsgrundsatz hinsichtlich des Bauwerkes** ab (vgl. v. Oefele/Winkler, Handbuch des Erbbaurechts, S. 34 ff.; Winkler, Erbbaurecht, NJW 1992, 2516; MünchKomm/v. Oefele, BGB, § 1 ErbbauVO, Rn. 12 ff.; Ingenstau, Erbbaurecht, § 1, Rn. 64 ff.). Das Bauwerk bedarf daher im konkreten Bestellungsvertrag einer näheren Bezeichnung nach Art und Umfang der zulässigen Bebauung, wobei nach ständiger Rechtsprechung des BGH die Bezeichnung nur mit solcher Genauigkeit erfolgen muß, daß deutlich wird, wie die Bebauung ungefähr beschaffen sein soll und ob es sich bloß um ein oder mehrere Bauwerke handelt (BGHZ 47, 190, 193; BGH, WM 1969, 564, 566; BGH, WM 1973, 1071, 1072; BGH, WM 1975, 544; BGHZ 101, 143, 146; BGH, DNotI-Report 13/94). Der Bestimmtheitsgrundsatz hat vor allem Bedeutung im Hinblick auf **noch nicht errichtete Bauwerke**. Ist hingegen das Bauwerk bereits errichtet, so dient der Bestimmtheitsgrundsatz vor allem der Festlegung, an welchen bei mehreren Bauwerken etwa der Eigentumserwerb erfolgt (v. Oefele/Winkler, Handbuch des Erbbaurechts, S. 36 f.). Die ältere Rechtsprechung verlangte insbesondere bezüglich des Umfangs der Bebauung, daß deutlich werden mußte, ob ein oder mehrere Gebäude Gegenstand des Erbbaurechts sind, wogegen zumindest bei erst zu errichtenden Gebäuden die Angabe der Gebäudeanzahl nicht geboten war (BGHZ 101, 146). Auch hinsichtlich der **Art der Bebauung** ist die Rechtsprechung mittlerweile etwas großzügiger geworden. Bezeichnungen wie „Gebäude aller Art in Übereinstimmung mit dem zu erstellenden Bebauungsplan" genügen in der Regel (BGHZ 101, 146 = DNotZ 1994, 886 = DNotI-Report 13/94). Ist das Gebäude bereits errichtet, genügt die zweifelsfreie Bezugnahme auf das Gebäude (MünchKomm/v. Oefele, BGB, § 1 ErbbauVO, Rn. 13). Problematisch kann allenfalls sein, ob bei einem bestehenden Gebäude das Erbbaurecht bei einem größeren Grundstück dazu berechtigt, ein weiteres Gebäude zu errichten. Enthält die Urkunde hierzu keine Bestimmungen, besteht dieses Recht grundsätzlich nicht (v. Oefele/Winkler, Handbuch des Erbbaurechts, S. 32).

16 Das SachRBerG hat für das Erbbaurecht im Rahmen der Sachenrechtsbereinigung zu diesem Bestimmheitsgrundsatz in § 41 **weitere Erleichterungen** eingeführt. Nach dieser Vorschrift kann der Erbbaurechtsvertrag auch mit dem Inhalt abgeschlossen werden, daß der Erbbauberechtigte jede baurechtlich zulässige Zahl und Art von Gebäuden oder Bauwerk errichten darf. Danach sind auch Erbbaurechtsverträge zulässig, bei denen die Zahl und Art der errichteten oder zu errichtenden Gebäude nicht festgelegt sein muß und bei denen auch eine künftige bauliche Inanspruchnahme des Grundstücks oder der Nutzung eines Gebäudes nicht bestimmt sein muß (vgl. amtliche Begründung zum Regierungsentwurf, BT-Drs. 12/5992, S. 139; vgl. Erläuterungen zu § 41).

dd) Verbot horizontaler Teilung (§ 1 Abs. 3 ErbbauVO)

§ 1 Abs. 3 ErbbauVO verbietet die horizontale Teilung eines Gebäudes, z.B. im Hinblick auf ein Stockwerk. Zulässig ist hingegen die Trennung von Tiefgarage und Gebäude, wenn beide keine Einheit bilden, sondern nach der Verkehrsanschauung selbständige Bauwerke sind (v. Oefele/Winkler, Handbuch des Erbbaurechts, S. 32, 39: eigene Statik und Fundamente). 17

c) Belastungsgegenstand
aa) Grundstück

Nach § 1 Abs. 1 ErbbauVO kann nur ein **Grundstück im Ganzen** mit einem Erbbaurecht belastet werden (BayObLG, Rechtspfleger 1957, 383; Münch-Komm/v. Oefele, BGB, § 1 ErbbauVO, Rn. 29; Ingenstau, Erbbaurecht, § 1, Rn. 21; v. Oefele/Winkler, Handbuch des Erbbaurechts, S. 54 f.; Schöner/Stöber, Grundbuchrecht, Rn. 1692). Ein Grundstück ist ein räumlich abgegrenzter Teil der Erdoberfläche, der im Bestandsverzeichnis eines Grundbuchblatts unter einer besonderen Nummer gebucht ist. Damit ist die Bestellung eines Erbbaurechts an einem Miteigentumsanteil an einem Grundstück oder an einem realen Teil eines Grundstücks ausgeschlossen. Der reale Teil eines Grundstücks kann nur mit einem Erbbaurecht belastet werden, wenn zum Zeitpunkt der Eintragung des Erbbaurechts im Grundbuch eine Grundstücksteilung erfolgt ist und der reale Teil vermessen und im Grundbuch als selbständiges Grundstück eingetragen ist (vgl. Staudinger/Ring, BGB, § 1 ErbbauVO, Rn. 16). 18

bb) Teilflächen

In manchen Fällen sollen die Erbbaurechte auf **nicht vermessenen Flächen** bestellt werden. Das belastete Grundstück kann dann häufig nicht übereinstimmend mit dem Grundbuch bezeichnet werden, weil das Grundstück erst durch Vermessung gebildet werden soll. In diesem Fall ist insbesondere festzulegen, ob der Erbbauzins ein Festzins sein soll, unabhängig vom Vermessungsergebnis, oder ob der Erbbauzins vorläufig aufgrund der angenommenen Flächengröße zu berechnen ist, maßgeblich jedoch ein bestimmter Quadratmeterpreis sein soll, dessen Höhe nach Vorlage des amtlichen Vermessungsergebnisses endgültig festgestellt wird. 19

Das in der Praxis am häufigsten verbreitete Modell ist das des **Teilflächenverkaufs**: Die Angaben der Fläche im Erbbaurechtsvertrag sind nur circa Angaben, die endgültigen Leistungspflichten werden erst durch das amtliche Vermessungsergebnis festgelegt, allerdings hier mit der Einschränkung, soweit die Abweichung nicht nur unerheblich ist. In der Praxis ist in diesen Fällen bereits der Kaufvertrag oder der Erbbaurechtsvertrag vor Durchführung der amtlichen Vermessung abgeschlossen worden, wobei 20 allerdings der Vollzug im Grundbuch erst nach endgültiger Vermessung und Vorliegen des Veränderungsnachweises möglich ist (vgl. zu diesem Verfahren in der Praxis: Brambring, Beck'sches Notarhandbuch, 1992, S. 128 ff.; Albrecht, in: Reithmann/Albrecht/Basty, Handbuch der notariellen Vertragsgestaltung, S. 148 ff.). Die unvermessene Teilfläche kann nicht Gegenstand der Belastung mit einem Erbbaurecht sein. Das Erbbaurecht muß an einem ganzen und rechtlich selbständigen Grundstück eingetragen werden. Soll lediglich eine **Teilfläche** belastet werden, muß diese zunächst gemäß **§ 7 Abs. 1 GBO abgeschrieben** und als selbständiges Grundstück im Grundbuch vorgetragen werden. Üblich ist aber die Erbbaurechtsbestellung an einer noch zu vermessenden Teilfläche.

21 In den Erbbaurechtsvertrag muß allerdings genauso wie bei einem schuldrechtlichen Kaufvertrag über eine Teilfläche die Teilfläche bereits **hinreichend bestimmt oder bestimmbar** sein, sonst ist die schuldrechtliche Abrede nach § 11 Abs. 2 ErbbauVO i.V.m. § 313 BGB nichtig (BGH, DNotZ 1969, 487, 489; BGH, NJW 1973, 1656; v. Oefele/Winkler, Handbuch des Erbbaurechts, S. 55). Entscheidend ist, daß die Teilfläche so genau beschrieben ist, daß auch außenstehende Dritte die Lage und Grenze eindeutig feststellen können. Am besten erfolgt die Bezeichnung der zu vermessenden Teilfläche durch eine Einzeichnung in einen Katasterplan oder einen sonstigen Lageplan, der nach § 9 Abs. 1 BeurkG als Anlage zum Inhalt der Niederschrift gemacht wird. Ist kein Lageplan vorhanden, ist eine Beschreibung im Vertragstext durch Verweisung auf Merkmale in der Natur, wie Gräben, Bäume, Hecken, Zäune (BGH, NJW 1969, 502) oder Zeichen wie Pflöcke (OLG München, DNotZ 1971, 544) zulässig, vorausgesetzt sie sind wirklich vorhanden (BGH, NJW 1989, 898). Erforderlich ist allerdings, daß die Merkmale in der Natur eine gewisse Bestandsdauer haben. Die Angabe der Grundstücksgröße allein genügt nicht (BGH, NJW 1969, 132). Nicht ausreichend ist ebenso die Erklärung, die Parteien seien über den Grenzverlauf einig (BGH, NJW 1979, 1350).

22 Ebenfalls zu klären ist im Erbbaurechtsvertrag, ob sich der **Grenzverlauf** nach dem **Lageplan** richten oder ob die im Vertrag genannte ca. **Flächengröße** maßgeblich sein soll. Der BGH hat entschieden, daß, wenn die Teilfläche sowohl durch eine bestimmte Grenzziehung als auch in einem maßstabgerechten Plan, also durch eine circa-Flächenmaßgabe, bestimmt sei, so sei bei Flächendifferenzen allein die angegebene Grenzziehung maßgeblich (BGH, DNotZ 1981, 235). Es kann allerdings auch im Vertrag vereinbart werden, daß die Flächenangabe entscheidend sein soll. Dann muß die Vermessung genau durchgeführt werden, so daß dieses Flächenmaß erreicht wird. Diese Frage wird vom SachRBerG nicht geregelt, so daß sie der freien Vereinbarung der Beteiligten unterliegt.

3. Der gesetzliche Inhalt des Erbbaurechts nach § 1 ErbbauVO

Voraussetzung für die Entstehung des Erbbaurechts ist nach § 11 Abs. 1 Satz 1 ErbbauVO die dingliche Einigung der Beteiligten und die Eintragung im Grundbuch. Betrifft die dingliche Einigung eine Teilfläche, dann sind ähnliche Voraussetzungen wie bei der Auflassung über eine Teilfläche zu beachten. Grundsätzlich kann die Auflassung einer Teilfläche im Kaufvertrag beurkundet werden. Ihrer Wirksamkeit steht nicht entgegen, daß die Teilfläche nicht katastermäßig bezeichnet ist, wie dies § 28 GBO vorschreibt (BayObLG, DNotZ 1988, 117). Für den **grundbuchlichen Vollzug** bedürfte es allerdings dann einer Ergänzungsurkunde, in der das Grundstück entsprechend dem Änderungsnachweis und der Angabe des Flurstücks bezeichnet wird (sogenannte Identitätserklärung), die häufig vom Notar als sogenannte Eigenurkunde vorgenommen wird (vgl. Brambring, Beck'sches Notarhandbuch; S. 131; Schöner/Stöber, Grundstücksrecht, Rn. 890 f.). 23

Die Anforderungen an die Bestimmung der Teilfläche für die dingliche Einigung sind allerdings im Vergleich zu denen an das schuldrechtliche Grundgeschäft höher. Bei einem erst abzuschreibenden Teilstück genügt die Auflassung nur § 925 BGB, wenn Lage und Größe dem Verkehrsbedürfnis entsprechend **zweifelsfrei** bezeichnet sind (BayObLG, NJW-RR 1986, 505; Palandt/Bassenge, BGB, § 925, Rn. 11). Entsprechendes gelte für die Bestellung des Erbbaurechts. 24

In der Praxis sollte allerdings die dingliche Einigung nach § 11 ErbbauVO erst **nach der Vermessung** oder zumindest erneut nach der Vermessung erklärt werden (vgl. Brambring, Beck'sches Notarhandbuch, S. 132; Haegele/Schöner/Stöber, Grundbuchrecht, Rn. 885). 25

Auch das **SachRBerG** macht von diesem Grundsatz **keine Ausnahme**; auch § 39 SachRBerG, der mehrere Erbbaurechte an einem Grundstück zuläßt, stellt hiervon keine Ausnahme dar, da auch hier das gesamte Grundstück Belastungsgegenstand ist. 26

cc) Ausübungsbefugnis des Erbbaurechts

Zulässig und in der Praxis häufig ist allerdings die Fallgestaltung, daß Belastungsgegenstand das gesamte Grundstück ist, die **Ausübungsbefugnis des Erbbaurechts** allerdings **auf einen realen Teil beschränkt** wird. In diesem Fall wird also der Rechtsinhalt, die Ausübungsbefugnis des Erbbaurechts beschränkt, nicht aber der Belastungsgegenstand (vgl. MünchKomm/v. Oefele, BGB, § 1 ErbbauVO, Rn. 20; Staudinger/Ring, BGB, § 1 ErbbauVO, Rn. 16; OLG Hamm, DNotZ 1972, 496; BayObLG, Rechtspfleger 1957, 383). 27

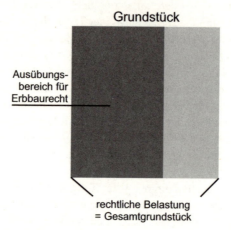

Bild 3

Grundstück

Ausübungs-
bereich für
Erbbaurecht

rechtliche Belastung
= Gesamtgrundstück

28 § 1 Abs. 2 ErbbauVO sieht daher vor, daß die Ausübungsbefugnis nicht unbedingt das ganze Grundstück erfassen muß. Die Nutzung der Nebenflächen, die also nicht für das Bauwerk notwendig sind, kann dem Grundstückseigentümer ganz oder teilweise verbleiben. Es gilt also der Grundsatz, daß die materiell-rechtlich belastete Grundstücksfläche nicht identisch sein muß mit der der Benutzungsbefugnis des Erbbauberechtigten unterliegenden Grundstücksfläche (vgl. OLG Zweibrücken, FGPrax 1996, 131; OLG Hamm, DNotZ 1972, 496; MünchKomm/v. Oefele, BGB, § 1 ErbbauVO, Rn. 20; Erman/Hagen, BGB, § 1 ErbbauVO, Rn. 12; BayObLG, Rpfl. 1957, 383; Rpfl. 1984, 313; Schöner/Stöber, Grundbuchrecht, Rn. 1693). In diesem Fall führt die Belastung des Grundstücks zu einer **geteilten Nutzungsbefugnis**. Die im Erbbaurechtsvertrag bezeichnete Nutzungsbefugnis des Erbbauberechtigten, die auf einen realen Teil des Grundstücks beschränkt wird, steht dem Erbbauberechtigten zu. Das Nutzungsrecht an der übrigen Grundstücksfläche bleibt beim Grundstückseigentümer (BayObLG, Rpfl. 1984, 314; MünchKomm/v. Oefele, BGB, § 1 ErbbauVO Rn. 23; Haegele/Schöner/Stöber, Grundbuchrecht, Rn. 1693). Rechtsdogmatisch wird diese Beschränkungsmöglichkeit aus **§ 1 Abs. 2 ErbbauVO** gefolgert, der vorschreibt, daß das Erbbaurecht auch auf einen für das Bauwerk nicht erforderlichen Teil des Grundstücks erstreckt werden kann, sofern das Bauwerk wirtschaftlich die Hauptsache bleibt (vgl. zur Auslegung dieses Begriffs: v. Oefele, MittBayNot 1992, 29; Palandt/Bassenge, BGB, § 1 ErbbauVO Rn. 3; BayObLG, NJW-RR 1991, 718; LG Ingolstadt, MittBayNot 1992, 56; BGHZ 117, 19).

3. Der gesetzliche Inhalt des Erbbaurechts nach § 1 ErbbauVO

Da das Erbbaurecht nur das Recht ist, auf oder unter der Oberfläche des Grundstücks ein Bauwerk zu haben, ist zunächst entscheidend für den Umfang der Nutzungsbefugnis des Erbbauberechtigten der **Umfang des Bauwerks**. Umfaßt das Bauwerk das gesamte Grundstück, dann bezieht sich die Nutzungsbefugnis auch auf das gesamte Grundstück. Da aber die Möglichkeit besteht, daß das Bauwerk nicht das gesamte Erbbaugrundstück real belastet, ist in § 1 Abs. 2 ErbbauVO eine Erstreckung des Erbbaurechts auf den real nichtbelasteten Teil für den Fall vorgesehen, daß das Bauwerk wirtschaftlich die Hauptsache bleibt (vgl. BayObLG, DNotZ 1944, 179; KG, NJW-RR 1992, 214, 215; v. Oefele/Winkler, Handbuch des Erbbaurechts, S. 49; Ingenstau, Erbbaurecht, § 1, Rn. 25). Zwar wird mit dem Erbbaurecht das **gesamte Grundstück** belastet. Damit ist aber noch nichts über die **reale Belastung** gesagt, die sich danach bestimmt, in welchem Umfang für das Bauwerk Teile des Grundstücks benötigt werden. Soweit das Erbbaugrundstück nicht für das Bauwerk erforderlich ist, steht dem Erbbauberechtigten zunächst eine Nutzungsbefugnis des Gesamtgrundstücks nicht automatisch zu (KG, NJW-RR 1993, 215; v. Oefele/Winkler, Handbuch des Erbbaurechts, S. 45). Nach der herrschenden Meinung ist anerkannt, daß auch eine sogenannte negative Erstreckung mit dinglicher Wirkung vereinbart werden kann, bei der die Ausübung des Erbbaurechts auf einen realen Grundstücksteil beschränkt ist.

29

Für die nach § 1 Abs. 2 ErbbauVO zu bestimmende Frage, ob das Bauwerk wirtschaftlich die Hauptsache ist, ist nach der überwiegenden Meinung nicht die Größe des gesamten Grundstücks maßgebend, sondern die Fläche, auf die die Ausübung des Erbbaurechts beschränkt ist. Danach muß das Erbbaurechtsgebäude lediglich gegenüber der Ausübungsteilfläche wirtschaftlich die Hauptsache i.S.d. § 1 Abs. 2 ErbbauVO bilden, wenn die Ausübung eines am gesamten Grundstück dinglich eingeräumte Erbbaurechts auf eine Teilfläche begrenzt ist (so OLG Oldenburg, DNotI-Report 1998, 109; LG Ingolstadt, MittBayNot 1992, 56; Staudinger/Ring, BGB, § 1 ErbbauVO, Rn. 18; v. Oefele/Winkler, Handbuch des Erbbaurechts, S. 49).

30

Für die Vereinbarung nach § 1 Abs. 2 ErbbauVO gilt allerdings der **Bestimmtheitsgrundsatz**, d.h. es muß mit hinreichender Bestimmtheit feststehen, welche Teile der vom Bauwerk nicht erfaßten Grundstücksteile genutzt bzw. nicht genutzt werden dürfen. Die vom Grundstückseigentümer und dem Erbbauberechtigten getroffene Vereinbarung über eine Erstreckung hat grundsätzlich die genauen Einzelheiten anzugeben (BGH, WM 1972, 1071, 1072; KG, NJW-RR 1992, 215; Schöner/Stöber, Grundstücksrecht, Rn. 1693; MünchKomm/v. Oefele, BGB, § 1 ErbbauVO, Rn. 22). In der Praxis sollte daher, ähnlich wie bei Kaufverträgen über eine erst zu vermessende Teilfläche, der Urkunde ein **amtlicher Lageplan** beigefügt wer-

31

den, in der die Nutzungsbefugnis hinreichend deutlich gekennzeichnet ist (vgl. den Fall bei LG Ingolstadt, MittBayNot 1992, 56).

dd) Wohnungseigentum und Erbbaurecht

32 In der Praxis spielt immer wieder die Frage eine Rolle, ob ein Erbbaurecht an einem in Wohnungseigentum aufgeteilten Grundstück begründet werden kann bzw. ob Wohnungseigentum an einem mit einem Erbbaurecht belasteten Grundstück begründet werden kann. **Belastungsgegenstand** des Erbbaurechts kann lediglich das **Grundstück im Ganzen** sein. Ideelle Grundstücksteile aller Art scheiden aus; es kann also weder ein Miteigentumsanteil an einer Bruchteilsgemeinschaft noch ein Wohnungseigentum oder Teileigentum mit einem Erbbaurecht belastet werden (Ingenstau, Erbbaurecht, § 1, Rn. 29; Staudinger/Ring, BGB, § 1 ErbbauVO, Rn. 15; v. Oefele/Winkler, Handbuch des Erbbaurechts, Rn. 290). Berücksichtigt man allerdings die Möglichkeit, daß auf der Grundlage von § 1 Abs. 2 ErbbauVO erreicht werden kann, daß sich die Ausübungsbefugnis nur auf einen Teil des Grundstücks und bei mehreren Gebäuden nur auf eines der vorhandenen Gebäude beziehen kann, dann spricht nichts dagegen, ein Erbbaurecht in der Form zu begründen, daß das im Erbbaurecht errichtete Bauwerk und das in Wohnungseigentum aufgeteilte Bauwerk unterschiedliche Gebäude sind (so Gutachten DNotI-Report 1998, 13). Innerhalb der Ausübungsfläche des Erbbaurechts darf also kein Sondereigentum eines Wohnungs- oder Teileigentümers bestehen. Auch dürfen an der Fläche, auf die sich der Ausübungsbereich des Erbbaurechts erstreckt, weder ein Sondernutzungsrecht bestehen noch insoweit sonstige Regelungen der Gemeinschaftsordnung eingreifen. Bei der Bestellung des Erbbaurechts sollten daher die Wohnungseigentümer die Geltung der Gemeinschaftsordnung für die vom Ausübungsbereich des Erbbaurechts betroffene Fläche ausschließen. Für den umgekehrten Fall der Aufteilung eines mit einem Erbbaurecht belasteten Grundstücks in Wohnungseigentum hat das OLG Hamm im Beschl. v. 27. 03. 1998 (DNotI-Report 1998, 110) entschieden, daß auch an einem mit einem Erbbaurecht belasteten Grundstück Wohnungseigentum begründet werden kann, wenn die Ausübung des Erbbaurechts von der Teilfläche beschränkt ist. Das OLG Hamm war der Auffassung, daß der Zulässigkeit der Aufteilung in Wohnungseigentum nicht entgegenstand, daß auf dem Grundstück bereits mehrere Bauwerke errichtet waren, von denen eines rechtlich dem Erbbaurecht und das andere dem Grundstückseigentum zugeordnet wurde. Denn die Ausübung des Erbbaurechts könne auf eines von mehreren Gebäuden beschränkt werden, die sich auf den mit ihm belasteten Grundstück befänden. Das OLG Hamm weist ausdrücklich darauf hin, daß eine derartige Aufteilung auch nicht § 1 ErbbauVO widerspreche. Danach sei nämlich unerheblich, wer Grundstückseigentümer sei, ob also das Grundstück einem allein oder meh-

reren Miteigentümern in Bruchteilsgemeinschaft oder zur gesamten Hand zustehe. Wohnungseigentum sei Miteigentum zu Bruchteilen an einem Grundstück, verbunden mit dem Sondereigentum an Räumen auf den Grundstück. Es sei daher, soweit es um den Miteigentumsanteil gehe, grundsätzlich nicht anders als **sonstiges Miteigentum** zu behandeln, bei dem ebenfalls die Aufteilung in ein Erbbaurecht möglich wäre (das OLG Hamm stimmt damit im Ergebnis auch dem Gutachten des DNotI im DNotI-Report 1998, 13 zu).

d) Erbbauberechtigter

Berechtigter kann nur eine bestimmte natürliche oder juristische Person sein (also nicht zugunsten des jeweiligen Eigentümers eines Grundstücks). Ist das Erbbaurecht für mehrere Berechtigte zu bestellen, besteht zunächst wie bei einem Grundstück die Möglichkeit, daß mehrere Berechtigte als **Bruchteilseigentümer** oder **Gesamthandseigentümer** berechtigt sind. Es besteht allerdings Einigkeit, daß die allgemeinen Grundsätze über das Gesamthandseigentum und das Bruchteilseigentum dort ausgeschlossen sind, wo sie gegen die ErbbauVO oder das Wesen des Erbbaurechts als unteilbares Recht verstoßen würden (vgl. Staudinger/Ring, BGB, § 1 ErbbauVO, Rn. 4; MünchKomm/v. Oefele, BGB, § 1 ErbbauVO, Rn. 62; Ingenstau, Erbbaurecht, Rn. 39). Zu beachten ist, daß gemäß § 47 GBO in der **Erbbaurechtsbestellungsurkunde das Gemeinschaftsverhältnis** – ob Bruchteilseigentum oder Gesamthandseigentum – **ausdrücklich bezeichnet** werden muß. 33

Ob daneben auch eine **Gesamtberechtigung** nach § 428 BGB möglich ist, ist in der Literatur umstritten. Die wohl überwiegende Meinung ist der Auffassung, daß die Gesamtgläubigerschaft mit der Rechtsnatur des Erbbaurechts vereinbar ist (so Staudinger/Ring, BGB, § 1 ErbbauVO, Rn. 4; Palandt/Bassenge, BGB, ErbbauVO, § 1, Rn. 9; Erman/Hagen, BGB, § 1 ErbbauVO, Rn. 16; Ingenstau, Erbbaurecht, § 1, Rn. 40; LG Hagen, DNotZ 1950, 381 (für Ehegatten) anderer Ansicht v. Oefele/Winkler, § 1 ErbbauVO, Rn. 63 f.). 34

Nach ganz herrschender Meinung ist auch ein sog. **Eigentümererbbaurecht** möglich (BGH, DNotZ 1982, 616). Dieses entsteht durch einseitige Erklärung des Grundstückseigentümers gegenüber dem Grundbuchamt und Grundbucheintragung. Das Eigentümererbbaurecht bringt im Rahmen von Bauvorhaben erhebliche Erleichterungen für die Finanzierung mit sich, wenn das Erbbaurecht als Belastungsobjekt zur Verfügung steht und nicht etwa nur das Grundstück, auf dem die Belastungen noch nicht endgültig verbleiben sollen. Die Eigentümerrechte sind dabei als **Durchgangsform** gedacht. Nach h.M. kann der Eigentümer sein Eigentümererbbaurecht auch bei der Begründung mit einem Erbbauzins und einem Vorkaufsrecht zu- 35 gunsten des jeweiligen Grundstückseigentümers und das Grundstück mit einem Vorkaufsrecht zugunsten des jeweiligen Erbbauberechtigten belasten (vgl. Haegele/Schöner/Stöber, Grundbuchrecht, Rn. 1688). Zur alten Rechtslage des § 9 ErbbauVO bestand nach wohl h.M. die Beschränkung, daß ein schuldrechtlicher Anspruch auf Erhöhung des Erbbauzinses in Form einer Wertsicherungsklausel nicht wirksam begründet werden kann, da die notwendige schuldrechtliche Personenverschiedenheit zwischen Anspruchsschuldner und Anspruchsberechtigten fehlt (vgl. BGH, DNotZ 1982, 616; Schöner/Stöber, a.a.O.; v. Oefele/Winkler, a.a.O.). Nach der Neuregelung, nach der die Erbbauzinsreallast mit dinglichem Inhalt wertgesichert werden kann, dürfte sich dieses Problem weitgehend erledigt haben, so daß auch das Eigentümererbbaurecht mit einer wertgesicherten **Erbbauzinsreallast** belastet werden kann. Bei der Übertragung des Eigentümererbbaurechtes ist allerdings zu berücksichtigen, daß die üblichen schuldrechtlichen Vereinbarungen erstmals mit dem Erwerber neu begründet werden können. Insofern unterscheidet sich die Urkunde des Eigentümererbbaurechts von der eines Fremderbbaurechts.

e) Übertragbarkeit und Vererblichkeit des Erbbaurechts, Bedingungen

36 Nach § 1 Abs. 1 ErbbauVO gehört die Veräußerlichkeit und die Vererblichkeit zu den **gesetzlichen Mindestanforderungen**, deren Fehlen zur Nichtigkeit des Erbbaurechts führt. Hieraus folgt, daß auch ein unvererbliches oder ein unveräußerliches Erbbaurecht nicht vereinbart werden kann (Ingenstau, Erbbaurecht, § 1, Rn. 49; Staudinger/Ring, § 1 ErbbauVO, Rn. 25 ff.). Zulässig ist allerdings nach § 5 ErbbauVO die Zustimmungsbedürftigkeit bei der Veräußerung des Erbbaurechts.

37 Zulässig ist außerdem eine Verpflichtung des Erbbauberechtigten, sein Recht nicht zu veräußern, da eine solche Verpflichtung allein **schuldrechtliche Wirkung** hat (§ 137 Satz 2 BGB). Eine dagegen verstoßende Übertragung wirkt nur im Wege des Schadensersatzanspruchs. Da eine solche Verpflichtung allein schuldrechtliche Wirkung hat, ist eine dingliche Sicherung durch Vormerkung nach h.M. nicht zulässig (Ingenstau, Erbbaurecht, § 1, Rn. 53). Möglich ist jedoch die Vereinbarung eines aufschiebend bedingten Rückübertragungsanspruchs für den Fall des Verstoßes gegen das schuldrechtliche Veräußerungsverbot. Dieser Rückauflassungsanspruch kann durch eine Vormerkung gesichert werden (Ingenstau, a.a.O.; BayObLG, DNotZ 1979, 27).

38 Auch die Vererblichkeit ist wesentlicher Inhalt des Erbbaurechts. Nach h.M. ist auch ein nur für die Lebenszeit einer bestimmten Person bestelltes Erb-

baurecht nach § 1 Abs. 4 ErbbauVO unwirksam (u.U. Umdeutung in beschränkt-persönliche Dienstbarkeit nach § 1090 BGB oder in beschränkten Nießbrauch nach § 1030 Abs. 2 BGB). Die Begründung eines Heimfallanspruchs beim Tod des Erbbauberechtigten soll hingegen zulässig sein (OLG Hamm, MDR 1965, 574).

Nach § 1 Abs. 4 ErbbauVO kann das Erbbaurecht auch nicht mit einer auflösenden Bedingung beschränkt werden. Nach h.M. kann das Erbbaurecht allerdings unter einer **aufschiebenden Bedingung** bestellt werden (Haegele/Schöner/Stöber, Grundbuchrecht, Rn. 1682). Nach h.M. ist das auflösend bedingte Erbbaurecht nichtig (Palandt/Bassenge, BGB, § 1 ErbbauVO, Rn. 10). 39

§ 1 Abs. 4 ErbbauVO soll die Beleihbarkeit schützen. Nach der h.M. ist daher in analoger Anwendung des § 1 Abs. 4 Satz 1 ErbbauVO auch die Bestellung eines Erbbaurechts durch einen nicht befreiten Vorerben ohne Zustimmung des Nacherben nichtig, da diese auflösend bedingt ist durch den Eintritt des Nacherbfalls (§ 2113 BGB; vgl. BGH, NJW 1969, 2043). 40

III. Vertraglicher Inhalt des Erbbaurechts

1. Allgemeines

Über den **gesetzlichen Minimalinhalt** nach § 1 ErbbauVO hinaus können die Beteiligten im Rahmen der allgemeinen Vertragsfreiheit sämtliche Regelungen mit schuldrechtlicher Wirkung treffen. Darüber hinaus sieht die ErbbauVO vor, daß bestimmte schuldrechtliche Regelungen auch „verdinglicht" werden können. Die Folge dieser Verdinglichung ist, daß diese Vereinbarungen im Grundbuch eingetragen werden und daher für und gegen einen Sonderrechtsnachfolger auf seiten des Erbbauberechtigten wirken. Alle anderen schuldrechtlichen Abreden im Erbbaurechtsvertrag wirken grundsätzlich nur zwischen den Beteiligten. 41

2. Voraussetzungen der dinglichen Wirkung

Voraussetzung für die dingliche Wirkung einer Vereinbarung ist, daß die allgemeinen Vorschriften des Sachenrechts über die Inhaltsbestimmung eines Rechts an einem Grundstück eingehalten sind. Nach § 877 BGB i.V.m. § 873 BGB ist für die **Inhaltsbestimmung eines dinglichen Rechts die Einigung zwischen dem Grundstückseigentümer und dem Rechtsinhaber und die Eintragung im Grundbuch** erforderlich (vgl. Ingenstau, Erbbaurecht, § 2, Rn. 4; MünchKomm/v. Oefele, BGB, § 2 ErbbauVO, Rn. 4; Erman/Hagen, BGB, § 2 ErbbauVO, Rn. 1). Angesichts des im Sachenrecht und Grundbuchverfahren herrschenden Bestimmtheitsgrundsatzes muß allerdings der 42

Wille der Beteiligten, um eine bestimmte Vereinbarung zum Vertragsinhalt des Erbbaurechts machen zu wollen, eindeutig aus dem Erbbaurechtsvertrag hervorgehen. Dies gilt insbesondere auch im Hinblick auf die Eintragungsbewilligung, aus der sich eindeutig der dingliche Inhalt ergeben muß. Dies ist daher bei der **Gestaltung der Urkunde** zu berücksichtigen, so daß es sich empfiehlt, eine klare Unterscheidung zwischen dem dinglichen und dem schuldrechtlichen Teil des Vertrages vorzunehmen. Es ist nicht Aufgabe des Grundbuchamtes, diese Trennung im Wege der Auslegung vorzunehmen (OLG Hamm, DNotZ 1967, 635; BayObLG, DNotZ 1969, 492; v. Oefele/Winkler, Handbuch des Erbbaurechts, S. 122).

3. Wirkungen

43 Ist eine Vereinbarung zwischen den am Erbbaurechtsvertrag Beteiligten wirksam zum vertraglichen Inhalt des Erbbaurechts gemacht worden, so unterscheidet sie sich von den übrigen schuldrechtlichen Vereinbarungen des Erbbaurechtsvertrages durch ihre dingliche Wirkung. Während die schuldrechtlichen Vereinbarungen nur Geltung zwischen den am Vertrag Beteiligten haben und einem Sonderrechtsnachfolger gegenüber nur wirken, soweit dieser sie etwa im Kaufvertrag über das Erbbaurecht ausdrücklich übernommen hat. In der Praxis empfiehlt sich allerdings die Aufnahme einer Verpflichtung in den Erbbaurechtsvertrag, daß alle Beteiligten verpflichtet sind, die Verpflichtungen aus dem Erbbaurechtsvertrag den Sonderrechtsnachfolgern mit der Verpflichtung zur Weiterleitung der Übernahmeverpflichtung aufzuerlegen (vgl. v. Oefele/Winkler, Handbuch des Erbbaurechts, S. 123 f; Hartmann, DB 1970, Beilage Nr. 14, S. 8).

44 Ist demgegenüber eine Vereinbarung zum **vertragsmäßigen Inhalt des Erbbaurechts** gemacht worden, so wirken diese gegenüber dem jeweiligen Erbbauberechtigten und gegenüber dem jeweiligen Grundstückseigentümer, d.h., daß also auch **Rechtsnachfolger** des Grundstückseigentümers oder des Erbbauberechtigten an diese vertragliche Vereinbarung gebunden sind, ohne daß es einer ausdrücklichen Vertragsübernahme bedarf (BGHZ 109, 230; MünchKomm/v. Oefele, BGB, § 2 ErbbauVO, Rn. 6). Diese Bestimmungen sind also Inhalt des Erbbaurechts, das im Falle einer Sonderrechtsnachfolge durch rechtsgeschäftliche Übertragung oder im Wege der Zwangsvollstreckung mit diesem Inhalt auf den Nachfolger übergeht.

45 Vereinbarungen, die Inhalt des Erbbaurechts geworden sind, können später nur gem. § 877 BGB geändert werden: Durch Einigung und Eintragung gem. §§ 873, 874 BGB, wobei Drittberechtigte, etwa Grundpfandrechtsgläubiger, gem. § 876 BGB der Inhaltsänderung zustimmen müssen.

5. Versicherung des Bauwerks und sein Wiederaufbau im Fall der Zerstörung
(§ 2 Nr. 2 ErbbauVO)

4. Errichtung, Instandhaltung und Verwendung des Bauwerks (§ 2 Nr. 1 ErbbauVO)

Grundsätzlich verleiht das Erbbaurecht dem Berechtigten ein **Recht zum Bauen**, gibt ihm allerdings **keine Pflicht zum Bauen** auf. Nach § 2 Nr. 1 ErbbauVO kann jedoch eine Pflicht zum Bau als Inhalt des Erbbaurechts vereinbart werden (vgl. v. Oefele/Winkler, Handbuch des Erbbaurechts, S. 127; Ingenstau, Erbbaurecht, § 2, Rn. 1; Staudinger/Ring, BGB, § 2 ErbbauVO, Rn. 12). 46

Nach § 2 Nr. 1 ErbbauVO kann allerdings grundsätzlich der **Inhalt der Bauverpflichtung** noch genauer festgelegt werden. So kann z.B. festgelegt werden, daß das Bauwerk eine bestimmte Größe haben, daß es ein Einfamilienhaus sein oder daß es eine bestimmte Zahl von Stockwerken haben soll (BGHZ 47, 190, 193; Staudinger/Ring, BGB, ErbbauVO, § 2, Rn. 13). 47

Grundsätzlich besteht keine Verpflichtung, das Gebäude instand zu halten. Allerdings hat in der Regel auch der Eigentümer im Hinblick auf etwaige **Heimfallansprüche** und auch im Hinblick auf die Beendigung des Erbbaurechts ein Interesse an der ordnungsgemäßen Erhaltung des Gebäudes, so daß nach § 2 Nr. 1 ErbbauVO auch eine Instandhaltungsverpflichtung zum vertraglichen Inhalt gemacht werden kann. Zur Instandhaltung gehören nicht nur die laufenden, sondern auch die außergewöhnlichen Unterhaltungs- und Erhaltungskosten. Umstritten ist, ob ein **Besichtigungsrecht** als Inhalt der Instandhaltungsvereinbarung besteht (vgl. v. Oefele/Winkler, Handbuch des Erbbaurechts, S. 135; LG Regensburg, Rpfleger 1990, 363). Darüber hinaus besteht insbesondere im kirchlichen und sozialen Bereich auch ein Interesse des Grundstückseigentümers, die Verwendung des Bauwerkes zu regeln. Auch dies ist nach § 2 Nr. 1 ErbbauVO mit dinglicher Wirkung möglich. Hier lassen sich etwa **soziale Verwendungsbeschränkungen** festlegen (Vermietung nur an kinderreiche Familien, Aussiedler etc.). Zulässig sind auch wirtschaftliche Verwendungsbindungen (bestimmte gewerbliche Nutzungen oder deren Verbot etc.). 48

5. Versicherung des Bauwerks und sein Wiederaufbau im Fall der Zerstörung (§ 2 Nr. 2 ErbbauVO)

Nach § 2 Nr. 2 ErbbauVO kann auch eine allgemeine Versicherungspflicht für das Bauwerk festgelegt werden. Möglich ist aber auch eine genauere Konkretisierung, etwa gegen Feuer-, Sturm- und Wasserschäden. 49

Die Verpflichtung zum Wiederaufbau des Gebäudes im Falle der **Zerstörung** ist nach § 2 Nr. 2 ErbbauVO nur dann gegeben, wenn eine entsprechende Abrede in den Vertrag aufgenommen wurde, wobei nach herrschender Meinung eine Pflicht zum Wiederaufbau auch bei einer Vereinbarung 50

III. Vertraglicher Inhalt des Erbbaurechts

nur besteht, wenn dies zumutbar ist (vgl. Ingenstau, Erbbaurecht, § 2, Rn. 29; Erman/Hagen, BGB, § 2 ErbbauVO, Rn. 4; MünchKomm/v. Oefele, BGB, § 2 ErbbauVO, Rn. 20).

6. Tragen der öffentlichen und privatrechtlichen Lasten und Abgaben (§ 2 Nr. 3 ErbbauVO)

51 Grundsätzlich hat der Grundstückseigentümer die auf das Grundstück entfallenden Lasten (z.B. Grundsteuer für Boden) und der Erbbauberechtigte die auf das Gebäude entfallenden Lasten zu tragen. Nach § 2 Nr. 3 ErbbauVO kann allerdings zum Inhalt des Erbbaurechts auch eine Vereinbarung des Grundstückseigentümers und des Erbbauberechtigten darüber gemacht werden, wer die öffentlichen Lasten und Abgaben zu tragen hat. In der Praxis ist eine Vereinbarung üblich, nach der der **Erbbauberechtigte alle Lasten und Abgaben** – auch des Grundstücks – **trägt**.

52 Unter den Begriff der öffentlichen Lasten als Oberbegriff fallen **sämtliche Steuern und sonstige Abgaben**, die vom Staat, den Gemeinden oder den Gemeindeverbänden für das Grundstück erhoben werden (vgl. BGH, NJW 1981, 2127). Hierzu gehören insbesondere die zu entrichtenden Abgaben, z.B. Grund- und Gebäudesteuern, Gemeindegebühren (vgl. v. Oefele/Winkler, Handbuch des Erbbaurechts, S. 141; Ingenstau, Erbbaurecht, § 2, Rn. 30).

53 Unter den Begriff der öffentlichen Lasten und Abgaben werden auch die **Erschließungskosten** gerechnet. Der Erschließungsbeitrag wird als öffentliche Last dem Grundstück nach § 134 Abs. 2 BauGB zugerechnet (vgl. v. Oefele/Winkler, Handbuch des Erbbaurechts, S. 141; Ingenstau, Erbbaurecht, § 2, Rn. 33).

54 Die Lastentragung trifft auch den **Sonderrechtsnachfolger**, allerdings nicht für Rückstände. Ungeklärt ist, ob eine Haftung für Rückstände vereinbart werden kann.

55 Die Übernahme der Verkehrssicherungspflicht und der sich daraus ergebenden Haftung durch den Erbbauberechtigten kann nach überwiegender Meinung nicht zum dinglichen Inhalt eines Erbbaurechts gemacht werden (BayObLG, ZNotP 1999, 479; LG Mannheim, BWNotZ 1983, 146; MünchKomm/v. Oefele, BGB, § 2 ErbbauVO, Rn. 19). Es bedarf daher einer schuldrechtlichen Regelung, um die Verkehrssicherungspflicht auf den Erbbauberechtigten zu übertragen; sie kann nicht verdinglicht werden.

7. Heimfall (§ 2 Nr. 4 ErbbauVO)

a) Allgemeines

§ 2 Nr. 4 ErbbauVO bestimmt allgemein, daß die **Voraussetzungen** über den Heimfall **mit dinglicher Wirkung** vereinbart werden können. Der Heimfall ist nach § 2 Nr. 4 ErbbauVO die Verpflichtung des Erbbauberechtigten, das Erbbaurecht auf den Grundstückseigentümer zu übertragen (BGH, DNotZ 1976, 537). Es handelt sich also lediglich um einen **schuldrechtlichen Übertragungsanspruch**, nicht um einen automatischen Rückfall. 56

Der Heimfallanspruch ist mit dem Eigentum am Grundstück **untrennbar** verbunden (§ 3 ErbbauVO), er ist als wesentlicher Grundstücksbestandteil nicht übertragbar, verpfändbar oder pfändbar (OLG Düsseldorf, DNotZ 1974, 177). Bei der Veräußerung des Grundstücks geht der Heimfallanspruch kraft Gesetzes auf den Erwerber über. 57

b) Heimfallgründe

Die Heimfallgründe müssen **im Erbbaurechtsvertrag festgelegt** werden. Es gilt hier der Grundsatz der Vertragsfreiheit, der allerdings durch § 9 Abs. 3 und § 6 Abs. 2 ErbbauVO eingeschränkt ist. Nach **§ 9 Abs. 4 ErbbauVO** kann der Heimfall bei Zinsrückständen nur vereinbart werden, wenn er mindestens 2 Jahresbeiträge erreicht hat. Nach § 6 Abs. 2 ErbbauVO kann als Heimfallgrund nicht vereinbart werden, daß der Heimfall bei Verstoß des Erbbauberechtigten gegen das Zustimmungserfordernis des § 5 ErbbauVO eintritt. Da nach § 5 Abs. 2 ErbbauVO das Zustimmungserfordernis allerdings nur Hypothek, Grundrentenschuld oder Reallast betrifft, kann schuldrechtlich vereinbart werden, daß der Erbbauberechtigte das Erbbaurecht nicht mit anderen dinglichen Rechten belasten darf (z.B. Nießbrauch, Dienstbarkeit etc.). Ein Verstoß gegen diese Unterlassungspflicht kann trotz § 6 Abs. 2 ErbbauVO als Heimfallgrund vereinbart werden (so OLG Hamm, Rpfleger 1986, 51; Schöner/Stöber, Grundbuchrecht, Rn. 1761; vgl. auch BayObLG, MittBayNot 1992, 197). 58

Darüber hinaus sind alle Heimfallgründe bis zur Grenze der **Sittenwidrigkeit** zulässig (vgl. MünchKomm/v. Oefele, BGB, § 2 ErbbauVO, Rn. 26 ff.; Ingenstau, Erbbaurecht, § 2, Rn. 34 ff.). In der Praxis werden Heimfallansprüche meist festgelegt bei Verletzung der Pflichten nach § 2 Nr. 1–3 ErbbauVO oder aus sonstigen Gründen, wie z.B. die Insolvenz des Erbbauberechtigten, die Zwangsverwaltung oder Zwangsversteigerung (vgl. v. Oefele/Winkler, Handbuch des Erbbaurechts, S. 143 f.). 59

III. Vertraglicher Inhalt des Erbbaurechts

60 Wegen der schwerwiegenden Form des Heimfallrechts empfiehlt es sich bei der Vertragsgestaltung, die Heimfallgründe hinreichend bestimmt zu bezeichnen (vgl. auch BGH, DNotZ 1985, 370) z.B.:

- Tod des Berechtigten (OLG Hamm, DNotZ 1966, 41)

- Nichteintritt eines Erwerbers in den Erbbaurechtsvertrag (OLG Oldenburg, DNotZ 1988, 591)

- Tod des Grundstückseigentümers

- Zuwiderhandlung gegen bestimmte Verpflichtungen des Erbbaurechtsvertrages

- Insolvenz, Zwangsversteigerung oder Zwangsverwaltung des Erbbaurechts

61 **Nicht zulässig** ist der Heimfall bei auf jederzeitigem Verlangen des Grundstückseigentümers (LG Oldenburg, Rpfleger 1979, 383). Als zulässig angesehen wird eine Vereinbarung, daß jede Verletzung einer erbbauvertraglichen Verpflichtung den Heimfall begründet (vgl. Schöner/Stöber, Grundbuchrecht, Rn. 1761; BGH, NJW 1984, 2213). Bei kirchlichen Erbbaurechten ist umstritten, inwieweit kirchenrelevantes Verhalten als Heimfallgrund angesehen werden kann. Als zulässig angesehen wird ein Heimfallanspruch bei kirchenfeindlicher Betätigung (LG Oldenburg, Rpfleger 1979, 383). **Kirchenaustritt** oder **Glaubenswechsel** sind als Heimfallgrund jedoch umstritten (verneinend OLG Braunschweig, DNotZ 1976, 603; bejahend LG München, Rpfleger 1983, 268). Die allgemeine Formulierung „wenn der Erbbauberechtigte seine Verpflichtungen aus diesem Vertrag nicht erfüllt" erfaßt alle im Erbbaurechtsvertrag enthaltenen Verpflichtungen und ist zulässig (BGH, DNotZ 1985, 370).

62 Wird gegen die Bauerrichtungs- oder Instandhaltungspflicht verstoßen, so hat der Grundstückseigentümer zunächst einen **Anspruch auf Erfüllung**, d.h. er kann also zunächst den Erbbauberechtigten auf Einhaltung der Bauerrichtungspflicht verklagen (vgl. v. Oefele/Winkler, Handbuch des Erbbaurechts, S. 132). Daneben können vertragliche Schadensersatzansprüche bestehen, insbesondere, wenn der Erfüllungsanspruch in einen sogenannten Sekundäranspruch nach den §§ 320 ff. BGB übergeleitet wurde.

63 Die Beteiligten können aber darüber hinaus im Erbbaurechtsvertrag für den Fall einer Verletzung der Verpflichtung aus § 2 Nr. 1 ErbbauVO den Eintritt bestimmter Rechtsfolgen, wie etwa den Heimfallanspruch des Grundstückseigentümers nach § 2 Nr. 4 ErbbauVO festlegen (vgl. v. Oefele/Winkler, Handbuch des Erbbaurechts, S. 133).

Formulierungsvorschlag:

„Heimfallrecht:

Der Grundstückseigentümer ist berechtigt, in folgenden Fällen die Übertragung des Erbbaurechts auf sich oder einen von ihm bezeichneten Dritten zu verlangen (Heimfall):

- *Wenn der Erbbauberechtigte seinen Verpflichtungen aus den §§ ... dieser Urkunde schuldhaft nicht erfüllt und ihm vom Grundstückseigentümer schriftlich eine Frist von mindestens vier Wochen zur Erfüllung der Verpflichtungen gesetzt wurde und er hierbei auf die Rechtsfolge des Heimfalls hingewiesen wurde;*
- *wenn der Erbbauberechtigte mit der Zahlung des Erbbauzinses in Höhe von zwei Jahresbeträgen im Rückstand ist;*
- *wenn über das Vermögen des Erbbauberechtigten das Insolvenzverfahren eröffnet wird oder wenn die Eröffnung mangels Masse abgelehnt wurde;*
- *wenn die Zwangsversteigerung oder Zwangsverwaltung des Erbbaurechts angeordnet wird."*

c) Inhalt des Heimfallrechts und Ausübung

Nach § 2 Nr. 4 ErbbauVO ist der **Heimfall** die Verpflichtung des Erbbauberechtigten, das Erbbaurecht beim Eintritt bestimmter Voraussetzungen auf den Grundstückseigentümer zu übertragen. Es handelt sich also um einen **Übertragungsanspruch** des Grundstückseigentümers gegen den Erbbauberechtigten (vgl. v. Oefele/Winkler, Handbuch des Erbbaurechts, S. 148 ff.; Ingenstau, Erbbaurecht, § 2, Rn. 34; Staudinger/Ring, BGB, § 2 ErbbauVO, Rn. 19 ff.; Erman/Hagen, BGB, § 2 ErbbauVO, Rn. 6). Heimfall bedeutet also nicht, daß das Erbbaurecht aufgelöst wird, sondern daß es dem Grundstückseigentümer zufällt und in dessen Person als **Eigentümererbbaurecht** fortbesteht. Es gibt dem Grundstückseigentümer einen dinglichen Anspruch, von dem Erbbauberechtigten oder dessen Rechtsnachfolger beim Vorliegen der genannten Voraussetzung die Übertragung des Erbbaurechts zu verlangen. Die Übertragung erfolgt dann durch Einigung und Eintragung (§ 873 BGB).

Wird von dem Drittbenennungsrecht nach § 3 ErbbauVO Gebrauch gemacht, so ist der Dritte nicht Rechtsnachfolger des Grundstückseigentümers, sondern des bisherigen Erbbauberechtigten; eine Zwischeneintragung des Eigentümers als Erbbauberechtigten ist nicht möglich. Die Bezeichnung des Dritten ist eine einseitige, empfangsbedürftige Willenserklärung des Eigentümers gegenüber dem Erbbauberechtigten. Der Anspruch des Grundstückseigentümers auf dingliche Übertragung an einen Dritten wird erfüllt durch Einigung und Eintragung des Dritten. Der Grundstückseigentümer hat keinen Anspruch darauf, daß der Erbbauberechtigte mit dem Dritten einen **kaufähnlichen schuldrechtlichen Vertrag** abschließt (OLG Düsseldorf, DNotZ 1974, 177; Haegele/Schöner/Stöber, Grundbuchrecht, Rn. 1759).

67 Das Heimfallrecht wird durch formlose einseitige empfangsbedürftige Willenserklärung des Eigentümers gegenüber dem jeweiligen Erbbauberechtigten ausgeübt. Dabei ist der **Heimfallgrund genau anzugeben**.

Der Grundstückseigentümer ist allerdings nicht verpflichtet, das Heimfallrecht auszuüben.

d) Vergütung

68 Macht der Eigentümer von seinem Heimfallrecht Gebrauch, so hat er dem Erbbauberechtigten gem. § 32 ErbbauVO eine **angemessene Vergütung** für das Erbbaurecht zu gewähren. Als Inhalt des Erbbaurechts können auch Vereinbarungen über die Höhe dieser Vergütung und die Art ihrer Zahlung sowie über ihre Ausschließung getroffen werden. Ist das Erbbaurecht zur Befriedigung der Wohnbedürfnisse minderbemittelter Bevölkerungskreise bestellt, so darf die Zahlung einer angemessenen Vergütung für das Erbbaurecht nicht ausgeschlossen werden (§ 32 Abs. 2 ErbbauVO). Die Vergütung ist nicht angemessen, wenn sie mindestens 2/3 des gemeinen Wertes des Erbbaurechts zur Zeit der Übertragung beträgt.

69 Grundsätzlich können über die Höhe der Entschädigung beliebige Vereinbarungen getroffen werden. Auch der Ausschluß der Vergütung kann vereinbart werden. Ist nichts vereinbart, so besteht ein Anspruch auf eine „angemessene Vergütung für das Erbbaurecht", also auf dessen objektiven Verkehrswert. Der gemeine Wert des Erbbaurechts beinhaltet den **realen** Wert des Bauwerks, den **Ertragswert** des Erbbaurechts und den **Wert für Rückerhaltung** der Bodennutzung (BGH, DB 1975, 685), wobei § 19 ErbbauVO ein Anhaltspunkt für die Berechnung des Wertes gibt. Maßgebend für die Wertermittlung ist der Zeitpunkt der Erfüllung des Heimfallanspruchs (BGH, NJW 1992, 1454), d.h. die Grundbucheintragung.

70 Gem. § 33 ErbbauVO bleiben beim Heimfall des Erbbaurechts die Hypotheken, Grund- und Rentenschulden und Reallasten bestehen, soweit sie nicht dem Erbbauberechtigten selbst zustehen. Dasselbe gilt für die **Vormerkung** eines gesetzlichen Anspruchs auf Eintragung einer Sicherungshypothek. Die Bestimmung hat zum einen die Aufgabe, die Beleihbarkeit des Erbbaurechts durch Bestehenbleiben der dinglichen Verwertungsrechte zu sichern, soll aber zum anderen den Grundstückseigentümer durch Erlöschen sonstiger für ihn u.U. unangenehmer Rechte **absichern** (so v. Oefele/Winkler, Handbuch des Erbbaurechts, S. 154).

Haftet bei einer Hypothek, die bestehen bleibt, der Erbbauberechtigte zugleich persönlich, so übernimmt gem. § 33 Abs. 2 der Grundstückseigentümer die **Schuld in Höhe der Hypothek**. Das gleiche gilt, wenn bei einer bestehen bleibenden Grundschuld oder bei Rückständen aus Rentenschulden oder Reallasten der Erbbauberechtigte zugleich persönlich haftet. Es handelt sich hierbei um eine gesetzliche Schuldübernahme. 71

Im Ergebnis bleiben daher bestehen: Hypotheken, Grund- und Rentenschulden und Reallasten, soweit sie nicht dem Erbbauberechtigten zustehen. Gem. § 33 Abs. 1 Satz 3 ErbbauVO erlöschen alle anderen auf dem Erbbaurecht lastenden Rechte: Insbesondere Vorkaufsrechte, Nießbrauch, Grunddienstbarkeiten, beschränkt persönliche Dienstbarkeiten, Untererbbaurechte und Vormerkungen, die einen rechtsgeschäftlichen Anspruch sichern. Geh- und Fahrtrechte sollten daher als Grunddienstbarkeit sowohl am Erbbaurecht als auch am Erbbaugrundstück eingetragen werden (vgl. v. Oefele/Winkler, Handbuch des Erbbaurechts, S. 154). 72

Schließlich verbietet § 34 ErbbauVO dem Erbbauberechtigten, beim Heimfall oder beim Erlöschen des Erbbaurechts das Bauwerk wegzunehmen oder sich Bestandteile des Bauwerkes anzueignen. 73

8. Vertragsstrafe (§ 2 Nr. 5 ErbbauVO)

Auch die nach § 2 Nr. 5 ErbbauVO mit dinglicher Wirkung vereinbarten Verpflichtungen des Erbbauberechtigten zur Zahlung von Vertragsstrafen, etwa für unpünktliche Erbbauzinszahlungen oder bei sonstigen Verstößen gegen Verpflichtungen des Erbbauberechtigten, können in den Vertrag aufgenommen werden. Grundsätzlich kann die **Höhe der Vertragsstrafe** zwischen den Beteiligten **frei vereinbart** werden. Für die Vertragsstrafe gelten aber die allgemeinen Regeln der §§ 339 ff. BGB, damit auch § 343 BGB, wonach eine unverhältnismäßig hohe Strafe auf Antrag durch Urteil auf den angemessenen Betrag herabgesetzt werden kann. Das Verhältnis von Vertragsstrafe zum Heimfall sollte ebenfalls klar geregelt werden. In der Regel wird für geringere Vertragsverletzungen eine Vertragsstrafe vereinbart, bei schweren der Heimfall. Notwendig ist eine solche Unterscheidung allerdings nicht. Es ist auch möglich, beide Sanktionen zu vereinbaren. 74

Durch eine Vereinbarung nach § 2 Nr. 5 ErbbauVO wird die Vertragsstrafe verdinglicht; anders als beim Heimfall ist Schuldner allerdings nur der Erbbauberechtigte, der die strafbewährte Vereinbarung verletzt (BGHZ 109, 230). Für die Zahlung der Vertragsstrafe haftet nicht das Erbbaurecht, sondern nur der Erbbauberechtigte persönlich (BGH, DNotZ 1991, 391). Für eine dingliche Haftung wäre zusätzlich eine Grundpfandrechtsbestellung notwendig, die allerdings in der Praxis kaum vereinbart wird. Durch die EG- 75

III. Vertraglicher Inhalt des Erbbaurechts

Richtlinie über mißbräuchliche Klauseln in Verbraucherverträgen, die im § 24 a AGBG umgesetzt wurde, gewinnt das AGBG auch im Bereich der Erbbaurechtsbestellung größere Bedeutung. Nach § 11 Nr. 6 AGBG sind bestimmte Vertragsstrafeklauseln unwirksam (insbesondere Zahlungsverzug).

9. Vorrecht auf Erneuerung (§ 2 Nr. 6 ErbbauVO)

76   Sinn des nach § 2 Abs. 6 ErbbauVO mit dinglicher Wirkung vereinbarten Vorrechts für den Erbbauberechtigten auf Erneuerung des Erbbaurechts nach dessen Ablauf ist der **Schutz des wirtschaftlichen Interesses** des Erbbauberechtigten an seinem Recht und seinem Erhaltungsinteresse am Bauwerk (vgl. MünchKomm/v. Oefele, BGB, § 2 ErbbauVO, Rn. 34; v. Oefele/Winkler, Handbuch des Erbbaurechts, S. 160 ff.).

77   § 31 ErbbauVO regelt das Vorrecht auf Erneuerung im Einzelnen. Ist dem Erbbauberechtigten ein Vorrecht auf Erneuerung des Erbbaurechts eingeräumt, so kann er das Vorrecht ausüben, sobald der Eigentümer mit einem Dritten einen Vertrag über Bestellung eines Erbbaurechts an dem Grundstück geschlossen hat. Die Ausübung des Vorrechts ist ausgeschlossen, wenn das für den Dritten zu bestellende Erbbaurecht einem anderen wirtschaftlichen Zweck zu dienen bestimmt ist. Dieses **Vorrecht erlischt drei Jahre nach Ablauf der Zeit**, für die das **Erbbaurecht bestellt** war. Die Vorschriften über das Vorkaufsrecht der §§ 505 ff. BGB finden entsprechend Anwendung.

78   Wie diese gesetzlichen Ausführungen zeigen, entspricht das Vorrecht auf Erneuerung weitgehend einem Vorkaufsrecht. Wie beim Vorkaufsrecht ist Voraussetzung für die Ausübung des Vorrechts auf Erneuerung der Abschluß eines Erbbaurechtsvertrages mit einem Dritten und die Erklärung der Ausübung. Deshalb muß auch der Grundstückseigentümer dem Erbbauberechtigten den Inhalt des mit dem Dritten geschlossenen Erbbaurechtsvertrages gem. § 510 BGB mitteilen. § 31 Abs. 4 ErbbauVO erklärt auch die **§§ 1099 - 1102 BGB** über das dingliche Vorkaufsrecht für entsprechend anwendbar. Das Vorrecht hat die Wirkung einer Vormerkung zur Sicherung des Anspruchs auf Einräumung des Erbbaurechts (§ 31 Abs. 3 ErbbauVO).

79   Nach § 31 Abs. 2 ErbbauVO erlischt allerdings das Vorrecht nach Ablauf von drei Jahren nach der Zeit, zu der das Erbbaurecht bestellt war. Wegen dieser **zeitlichen Befristung** hat das Vorrecht auf Erneuerung in der Praxis wenig Bedeutung und ist praktisch wertlos.

80   In der Praxis häufiger sind Vereinbarungen, daß sich das Erbbaurecht **automatisch um einen bestimmten Zeitraum verlängert**, falls vor Ablauf des Erbbaurechts keiner der Beteiligten widerspricht (BGH, DNotZ 1970, 32).

10. Verkaufsverpflichtung des Eigentümers (§ 2 Nr. 7 ErbbauVO) und Kaufzwangklausel

a) Ankaufsrecht

Nach § 2 Nr. 7 ErbbauVO kann schließlich zum vertragsmäßigen Inhalt des Erbbaurechts auch eine Verpflichtung des Grundstückseigentümers gemacht werden, das Grundstück an den jeweiligen Erbbauberechtigten zu verkaufen. 81

Zu unterscheiden von einem Ankaufsrecht ist eine sog. **Kaufzwangklausel**, durch die der Erbbauberechtigte verpflichtet ist, das Grundstück auf Verlangen des Grundstückseigentümers käuflich zu erwerben. Eine solche Klausel kann nur schuldrechtlich vereinbart werden. 82

Das Ankaufsrecht nach § 2 Nr. 7 ErbbauVO ist kein Vorkaufsrecht, das voraussetzen würde, daß der Grundstückseigentümer das Grundstück an einen Dritten verkauft, die **Ausübung des Ankaufsrechts** erfolgt vielmehr durch formlose empfangsbedürftige Willenserklärung gegenüber dem Grundstückseigentümer. Damit kommt bereits der Kaufvertrag zu den festgelegten Bedingungen zustande, aus dem sich dann ein Anspruch auf Auflassung des Grundstücks ergibt (vgl. v. Oefele/Winkler, Handbuch des Erbbaurechts, S. 165 f.; BGH, DB 1973, 1594; Erman/Hagen, BGB, § 2 ErbbauVO, Rn. 10). 83

Das Ankaufsrecht nach § 2 Nr. 7 ErbbauVO hat auch nicht die **Rechtswirkung** eines Vorkaufsrechts, welches nach § 1098 Abs. 2 BGB i.V.m. § 883 Abs. 2 BGB dazu führt, daß entgegenstehende Verfügungen relativ unwirksam sind. Diese Vorschriften sind auf das Ankaufsrecht nicht entsprechend anwendbar (vgl. v. Oefele/Winkler, Handbuch des Erbbaurechts, S. 165 f.; Erman/Hagen, BGB, § 2 ErbbauVO, Rn. 10; Palandt/Bassenge, BGB, § 2 Rn. 5). Die Vereinbarung des Ankaufsrechts mit dinglicher Wirkung hat vielmehr wie alle anderen Vereinbarungen, die zum vertraglichen Inhalt des Erbbaurechts gemacht werden, die Wirkung, daß ein etwaiger Sonderrechtsnachfolger des Grundstückseigentümers genauso wie der am Erbbaurechtsvertrag Beteiligte an die Ankaufsverpflichtung gebunden ist. Der Erbbauberechtigte kann daher auch in Folge dieser dinglichen Wirkung der Abrede sein Kaufrecht auch gegenüber dem Erwerber des Grundstücks ausüben (BGH, NJW 1954, 1444). Da eine Vormerkungswirkung allerdings nicht besteht, muß der Erbbauberechtigte spätere **dingliche Belastungen** des Grundstücks, etwa mit Hypotheken oder Grundschulden, hinnehmen (so Ingenstau, Erbbaurecht, § 2, Rn. 71; v. Oefele/Winkler, Handbuch des Erbbaurechts, S. 156 f.; Erman/Hagen, BGB, § 2 ErbbauVO, Rn. 10). Soll der Ankaufsberechtigte hiergegen geschützt werden, muß eine Auflassungsvormerkung bestellt und eingetragen werden. Umstritten ist, ob die 84

Auflassungsvormerkung erst nach Ausübung des Ankaufsrechts eingetragen werden kann oder bereits vor dessen Ausübung. Nach richtiger Auffassung handelt es sich beim Ankaufsrecht um einen bedingten Anspruch, der nach allgemeiner Meinung bereits durch eine Vormerkung gesichert werden kann (so Haegele/Schöner/Stöber, Grundbuchrecht, Rn. 1769; v. Oefele/Winkler, Handbuch des Erbbaurechts, S. 165 f.).

85 Nach der herrschenden Meinung muß in einer Vereinbarung nach § 2 Nr. 7 ErbbauVO der Kaufpreis nicht von vornherein festgelegt werden, er kann sich auch nach einem späteren Zeitpunkt bestimmen, sofern insoweit die Maßstäbe hinreichend konkret sind (vgl. v. Oefele/Winkler, Handbuch des Erbbaurechts, S. 165 f.; Erman/Hagen, BGB, § 10 ErbbauVO, Rn. 19). In der Literatur wird eine Vereinbarung ohne Preisfestsetzung dahingehend interpretiert, daß der zum Zeitpunkt des Kaufs geltende **Marktpreis** des Grundstücks **als Ankaufspreis** gelten soll (vgl. Ingenstau, Erbbaurecht, § 2, Rn. 68).

86 Die Erbbaurechtsverordnung geht davon aus, daß der nähere Inhalt des Kaufvertrages, insbesondere die Klauseln des Kaufvertrages, Kosten, Steuerntragung, Übergang von Nutzen und Lasten etc. der **freien Parteivereinbarung** unterliegen (vgl. v. Oefele/Winkler, Handbuch des Erbbaurechts, S. 155). Da mit der Ausübung des Erbbaurechts der Kaufvertrag zu den im Erbbaurechtsvertrag genannten Bedingungen des Ankaufsrechts zustande kommt, ohne daß es weiterer schuldrechtlicher Vereinbarungen bedarf, sollten bereits im Erbbaurechtsvertrag die wichtigsten Bedingungen des Ankaufsrechts geregelt werden, insbesondere auch die Frage, unter welchen **Voraussetzungen** (Frist, etc.) **das Ankaufsrecht ausgeübt** werden kann.

b) Kaufzwangklauseln

87 Vom Ankaufsrecht zu unterscheiden sind sog. Kaufzwangklauseln, die den Erbbauberechtigten verpflichten, das Grundstück auf Verlangen des Grundstückseigentümers käuflich zu erwerben. Eine solche Klausel kann nur schuldrechtlich und nicht dinglich als Inhalt des Erbbaurechts vereinbart werden, so daß ein Rechtsnachfolger des Erbbauberechtigten nicht hieran gebunden ist, wenn er nicht alle Verpflichtungen aus dem Erbbaurechtsvertrag schuldrechtlich übernommen hat. Nach h.M. ist eine derartige Klausel nicht ohne weiteres sittenwidrig (BGH, NJW 1989, 2129). Im Bereich des AGBG gelten allerdings strengere Voraussetzungen, damit eine Kaufzwangklausel insbesondere bei zu Wohnzwecken dienenden Erbbaurechten nicht gegen die Regelung des **§ 9 AGBG** verstößt (vgl. BGH, DNotZ 1992, 106; BGH, NJW 1991, 2141). Der BGH verlangt, daß für das Ankaufsverlangen mindestens eine Ankündigungsfrist von sechs Monaten gelten muß, für die Zahlung des Kaufpreises eine weitere angemessene Frist nach Fest-

stellung des Kaufpreises und weiter, daß das Ankaufsverlangen nach Ablauf einer zehnjährigen Schonfrist nur in einem überschaubaren Zeitraum, der nicht die volle Zeitdauer des Erbbaurechts erfassen darf, ausgeübt werden kann.

IV. Verfügungsbeschränkungen (§§ 5–8 ErbbauVO)

1. Normzweck

Für das Erbbaurecht sieht § 5 ErbbauVO vor, daß als Inhalt des Erbbaurechts auch vereinbart werden kann, daß der Erbbauberechtigte zur Veräußerung und zur Belastung des Erbbaurechts der **Zustimmung** des Grundstückseigentümers bedarf. Normzweck dieser Vorschrift ist der Schutz des Grundstückseigentümers vor unangemessenen Belastungen des Erbbaurechts und die Sicherstellung, daß ein Sonderrechtsnachfolger des Erbbauberechtigten die nur schuldrechtlich wirksamen Verpflichtungen übernimmt, sowie die Verhinderung von Spekulationen mit dem Erbbaurecht (vgl. Winkler, NJW 1992, 2521; v. Oefele/Winkler, Handbuch des Erbbaurechts, S. 168 ff.; Ingenstau, Erbbaurecht, § 5, Rn. 1; Staudinger/Ring, BGB, § 5–7 ErbbauVO, Rn. 1). Das **notwendige Korrektiv** dieser umfangreichen Schutzzwecke, die mit dem Zustimmungsvorbehalt verbunden sind, stellt beim frei ausgehandelten Erbbaurecht § 7 ErbbauVO dar. Diese Vorschrift stellt sicher, daß unter bestimmten Voraussetzungen der Eigentümer zur Zustimmung verpflichtet ist. § 8 ErbbauVO erweitert schließlich diesen Schutz des Grundstückseigentümers auf Verfügungen im Wege der Zwangsvollstreckung, Arrestvollziehung oder durch den Insolvenzverwalter. Die Vorschrift des § 5 ErbbauVO ist eine teilweise Durchbrechung des § 137 Abs. 1 BGB. Nach dieser Vorschrift kann grundsätzlich die Verfügungsbefugnis über ein veräußerliches Recht nicht durch Rechtsgeschäft ausgeschlossen oder beschränkt werden. Solche rechtsgeschäftlichen Verfügungsverbote sind nach § 137 BGB Dritten gegenüber unwirksam. § 5 ErbbauVO schafft von diesem Verbot eine Ausnahme. In den meisten Erbbaurechtsverträgen erreicht der Grundstückseigentümer, daß ein entsprechender umfänglicher Zustimmungsvorbehalt für Veräußerungen und Belastungen in den Vertrag aufgenommen wird.

88

2. Die Zustimmungspflicht als vertraglicher Inhalt des Erbbaurechts

a) Allgemeines

§ 5 Abs. 1 ErbbauVO bestimmt, daß die Zustimmungspflicht als „Inhalt des Erbbaurechts" vereinbart werden kann.

89

90 § 5 ErbbauVO hat allerdings im Vergleich zum sonstigen vertraglichen Inhalt des Erbbaurechts eine besondere dingliche Wirkung, die über die Wirkung des § 2 ErbbauVO hinausgeht. Während die sonstigen Vereinbarungen, die Inhalt des Erbbaurechts sind, in ihrer Wirkung dadurch gekennzeichnet sind, daß sie nicht nur dem Beteiligten gegenüber wirken, sondern auch gegenüber jedem **Sonderrechtsnachfolger**, kennzeichnet die Wirkung des Zustimmungsvorbehaltes nach § 6 ErbbauVO, daß eine Verfügung ohne Zustimmung jedermann gegenüber, also absolut schwebend unwirksam ist.

b) Voraussetzungen

91 Da es sich bei der Vereinbarung einer Zustimmungspflicht nach § 5 ErbbauVO um den vertraglichen Inhalt des Erbbaurechts handelt, der dingliche Wirkung hat, ist nach § 873 BGB erforderlich, daß eine entsprechende **Einigung und die Eintragung** im Grundbuch vorliegt. Die dingliche Wirkung entsteht also erst mit der Grundbucheintragung und nicht bereits mit Abschluß des Erbbaurechtsvertrages. Man wird allerdings davon ausgehen können, daß bis zur Eintragung einer solchen Klausel zumindest schuldrechtliche Wirkung mit den entsprechenden Schadensersatzfolgen zukommt.

92 Es ist darauf zu achten, daß die Vereinbarung nach § 5 Abs. 1 ErbbauVO **nicht als Veräußerungsverbot** ausgestaltet wird, denn dies würde dem Grundsatz der Veräußerlichkeit widersprechen, der zum gesetzlichen Mindestinhalt des Erbbaurechts nach § 1 Abs. 1 ErbbauVO gehört (vgl. Ingenstau, Erbbaurecht, § 5, Rn. 6). Zulässig ist nur eine Klausel, die die Veräußerung an die Zustimmung durch den Eigentümer bindet. Zulässig wäre auch die Zustimmungspflicht bei einer Belastung des Erbbaurechts mit einer Hypothek, Grund- oder Rentenschuld oder einer Reallast (§ 5 Abs. 2 ErbbauVO), nicht aber bei anderen Belastungen.

93 Nach § 5 Abs. 1 ErbbauVO können die Beteiligten nicht nur eine generelle Zustimmungspflicht bei der Veräußerung aufnehmen, sondern auch die **Zustimmungspflicht einschränken**. So können z.B. von der Zustimmungsbedürftigkeit einzelne Fallgruppen ausgenommen werden, wie z.B. die Übertragung an Verwandte ersten Grades, Ehegatten etc. Es ist auch möglich bei einer generell vereinbarten Veräußerungsbeschränkung bereits im Erbbaurechtsvertrag für bestimmte Veräußerungen die Einwilligung des Grundstückseigentümers im voraus aufzunehmen (vgl. BayObLG, Rpfleger 1979, 384; OLG Celle, Rpfleger. 1985, 22; Ingenstau, Erbbaurecht, § 5, Rn. 7; v. Oefele/Winkler, Handbuch des Erbbaurechts, S. 171 f.). In der Einschränkung der generellen Zustimmungspflicht sind die Beteiligten also grundsätzlich frei.

c) Die Veräußerung und Belastung
aa) Veräußerung

Haben die Beteiligten im Erbbaurechtsvertrag eine entsprechende Klausel aufgenommen, dann besteht die Zustimmungspflicht bei jeder „Veräußerung". Unter dem Begriff der Veräußerung ist die vollständige oder teilweise Übertragung des Erbbaurechts durch Rechtsgeschäft an einen **neuen Rechtsinhaber** zu verstehen (Palandt/Bassenge, BGB, § 5 ErbbauVO, Rn. 2; v. Oefele/Winkler, Handbuch des Erbbaurechts, S. 170 ff.; Staudinger/Ring, BGB, §§ 5–7 ErbbauVO). Es kommt nicht darauf an, ob die Veräußerung entgeltlich oder unentgeltlich ist, auch Zuwendungen im Wege der vorweggenommenen Erbfolge unterfallen der Zustimmungspflicht (str., so LG Münster, MDR 1968, 585; Palandt/Bassenge, BGB, § 5 ErbbauVO, Rn. 2; Winkler, NJW 1992, 2522; v. Oefele/Winkler, Handbuch des Erbbaurechts, S. 170 ff.; anderer Ansicht OLG Köln, MittRhNotK 1974, 114). Nicht als Veräußerung anzusehen ist die Übertragung eines Anteils am Gesamthandsvermögen, auch wenn das Erbbaurecht der einzige Gegenstand des Vermögens ist, also nicht die Veräußerung eines Erbteils (so BayObLG, DNotZ 1968, 306; Palandt/Bassenge, BGB, § 5 ErbbauVO, Rn. 2; v. Oefele/Winkler, Handbuch des Erbbaurechts, S. 172). Ebenfalls keine Veräußerung ist die Realteilung des Erbbaurechts oder die Aufteilung in Wohnungs- und Teilerbbaurechte gem. § 8 WEG (OLG Celle, Rpfleger 1981, 22; LG München, MittBayNot 1977, 68; Ingenstau, Erbbaurecht, § 5 Rn. 10). Ebenso nicht als Veräußerung anzusehen ist die Bestellung eines dinglichen Vorkaufsrechts zugunsten eines Dritten (OLG Braunschweig, Rpfleger 1992, 193) oder die Umwandlung einer Gesamthandsberechtigung in Bruchteilseigentum derselben Personen (LG Lübeck, Rpfleger 1991, 201; Palandt/Bassenge, BGB, § 5 ErbbauVO, Rn. 2). Ob die Teilung nach § 3 WEG eine Veräußerung darstellt, die der Zustimmung bedarf, ist umstritten (Staudinger/Ring, BGB, §§ 5–7 ErbbauVO, Rn. 2; a.A. LG Augsburg, MittBayNot 1979, 68; Schöner/Stöber, Grundbuchrecht, Rn. 1775).

94

bb) Belastungen

Als Inhalt des Erbbaurechts kann auch vereinbart werden, daß die Belastung mit Grundpfandrechten und Reallasten von der Zustimmung des Grundstückseigentümers abhängig ist. Dies empfiehlt sich insbesondere deshalb, weil diese Rechte beim Heimfall gem. § 33 Abs. 2 Satz 1 ErbbauVO bestehen bleiben. § 5 Abs. 2 Satz 1 ErbbauVO bestimmt daher, daß eine Zustimmungspflicht für eine Belastung des Erbbaurechts mit einer Hypothek, Grund-, Rentenschuld oder Reallast vereinbart werden kann. Eine Beschränkung auf eins dieser Rechte ist möglich. Nach herrschender Meinung, obwohl im Gesetz nicht besonders erwähnt, kann die Zustimmungspflicht auch für eine Belastung mit einem **Dauerwohnrecht** vereinbart werden, da

95

IV. Verfügungsbeschränkungen (§§ 5–8 ErbbauVO)

auch dieses beim Heimfall bestehen bleibt (§ 42 Abs. 2 WEG, vgl. v. Oefele/Winkler, Handbuch des Erbbaurechts, S. 182; Ingenstau, Erbbaurecht, § 5, Rn. 16 ff.). Nicht unter die Zustimmungspflicht des § 5 Abs. 2 Satz 1 ErbbauVO fällt die Eintragung einer Vormerkung für ein Grundpfandrecht oder eine Reallast, dies gilt erst für die Eintragung des endgültigen Rechts. Auch auf Belastungen anderer Art wie z.B. Nießbrauch, Vorkaufsrecht, Grunddienstbarkeit, beschränkte persönliche Dienstbarkeit, Untererbbaurecht, findet § 5 Abs. 2 ErbbauVO keine Anwendung. Es kann also keine Verfügungsbeschränkung mit dinglicher Wirkung vereinbart werden.

Für andere Belastungen kann nur eine **schuldrechtliche Zustimmungspflicht** vereinbart werden, die auch mit der Heimfallsanktion abgesichert werden kann (OLG Hamm, Rpfleger 1986, 51; BayObLG, MittBayNot 1992, 197).

96 Nach § 5 Abs. 2 Satz 2 ErbbauVO ist bei einer entsprechenden Belastungszustimmungspflicht auch eine **Inhaltsänderung**, die eine weitere Belastung des Erbbaurechts enthält, **zustimmungspflichtig**.

97 **Beispiele hierfür sind:**

- Zinserhöhungen,
- Erhöhungen der Nebenleistungen
- und Erschwerung der Kündigungsmöglichkeiten.

Es ist streitig, ob die Unterwerfung unter die sofortige Zwangsvollstreckung nach § 800 ZPO zustimmungspflichtig ist.

98 **Keine zustimmungspflichtigen Inhaltsänderungen** sind:

- Verringerung der Zinsen,
- Umwandlung von Grundschuld und Hypothek und umgekehrt (streitig)
- und Abtretung der Rechte.

d) Veräußerung im Wege der Zwangsvollstreckung (§ 8 ErbbauVO)

99 § 8 ErbbauVO sieht vor, daß Verfügungen, die im Wege der **Zwangsvollstreckung** oder der **Arrestvollziehung** oder durch den **Insolvenzverwalter** erfolgen, insoweit **unwirksam** sind, als sie die Rechte des Grundstückseigentümers aus einer Vereinbarung nach § 5 ErbbauVO vereiteln oder beeinträchtigen würden. Die Vorschrift macht deutlich, daß der Erwerb des Erbbaurechts aufgrund Zuschlags in der Zwangsversteigerung ebenfalls eine Veräußerung ist, die der Zustimmungspflicht unterfällt. Der Sinn des § 8

2. Die Zustimmungspflicht als vertraglicher Inhalt des Erbbaurechts

ErbbauVO liegt darin, zu verhindern, daß der Erbbauberechtigte dadurch, daß er es zu einer Zwangsvollstreckung kommen läßt oder in Insolvenz fällt, seine gemäß § 5 ErbbauVO übernommenen Verpflichtungen umgeht (vgl. Ingenstau, Erbbaurecht, § 8, Rn. 1; Staudinger/Ring, BGB, § 8 ErbbauVO, Rn. 1).

Rechtsfolge des § 8 ErbbauVO ist die **Unwirksamkeit der Zwangsvollstreckungsmaßnahme**, soweit die Rechte des Eigentümers durch die Verfügung vereitelt oder beeinträchtigt werden. Hieraus wird gefolgert, daß Vollstreckungsmaßnahmen des Grundstückseigentümers selbst nicht unter § 8 ErbbauVO fallen und grundsätzlich zulässig sind (so Ingenstau, Erbbaurecht, § 8 ErbbauVO, Rn. 2; Staudinger/Ring, BGB, § 8 ErbbauVO, R. 3; MünchKomm/v. Oefele, BGB, § 8 ErbbauVO, Rn. 4). Verfügungen im Wege der Zwangsvollstreckung sind solche, die entweder von einem am Erbbaurecht dinglich Berechtigten handeln oder sich aus einer persönlichen Forderung gegen den Erbbauberechtigten vollstreckenden Gläubiger ergeben. 100

Die **Anordnung der Zwangsversteigerung** eines Erbbaurechts und die **Fortführung des Verfahrens** setzen allerdings die Zustimmung des Grundstückseigentümers noch nicht voraus. Diese muß jedoch vor einer Entscheidung über den Zuschlag erteilt sein; der Zuschlag darf also nur erteilt werden, wenn die Zustimmung des Grundstückseigentümers vorliegt oder gemäß § 7 Abs. 3 ErbbauVO durch das Gericht rechtskräftig ersetzt ist (BGHZ 33, 76; Erman/Hagen, BGB, § 8 ErbbauVO, Rn. 1; Ingenstau, Erbbaurecht, § 8, Rn. 16). Umstritten ist, ob § 8 ErbbauVO auch eingreift, wenn der Grundstückseigentümer der Belastung, aus der die Zwangsvollstreckung betrieben wird, zugestimmt hat. Die wohl früher herrschende Meinung war der Auffassung, daß in diesen Fällen der Grundstückseigentümer, der die Belastung des Erbbaurechts zugelassen hat, nicht der Zwangsversteigerung zustimmen muß (vgl. Nachweise bei Ingenstau, Erbbaurecht, § 8, Rn. 15). Die mittlerweile vordringende Meinung ist zu Recht der Auffassung, daß in diesen Fällen auch die Zustimmung des Grundstückseigentümers notwendig ist (BGHZ 100, 107, 112 f.; Ingenstau, Erbbaurecht, § 8, Rn. 16; Staudinger/Ring, BGB, § 8 ErbbauVO, Rn. 10 f.; v. Oefele/Winkler, Handbuch des Erbbaurechts, S. 183; BGH, NJW 1960, 2093). 101

Bei der **Grundpfandrechtsbestellung** kann allerdings der Erbbauberechtigte bereits die Zustimmung zur Zwangsvollstreckung erteilen. 102

Die **Zwangsverwaltung** ist durch eine **Zustimmungspflicht** nach § 5 Abs. 1 ErbbauVO nicht gehindert (vgl. Erman/Hagen, BGB, § 8 ErbbauVO, Rn. 2).

3. Die Rechtswirkungen (§ 6 ErbbauVO)

103 Das ohne vorherige Zustimmung vorgenommene Rechtsgeschäft ist **absolut, d.h. gegenüber jedermann, schwebend unwirksam** (BGH, NJW 1960, 2095; Ingenstau, Erbbaurecht, § 6, Rn. 1; Erman/Hagen, BGB, § 6 ErbbauVO, Rn. 1). Dies gilt nicht nur für das dingliche **Verfügungsgeschäft**, sondern auch für das zugrundeliegende schuldrechtliche **Kausalgeschäft**. Andererseits führt das Verfügungsverbot nicht zu der endgültigen Unwirksamkeit, da die Zustimmung nach § 7 Abs. 3 ErbbauVO ersetzt werden kann. § 6 ErbbauVO besagt nur, daß die Verfügung absolut, d.h. gegenüber jedermann und nicht nur gegenüber dem Erwerber, unwirksam ist, die Unwirksamkeit ist aber nur schwebend, so daß sie mit der Erteilung der Zustimmung wirksam werden kann (BGHZ 33, 76, 85). Da die erforderliche Zustimmung auch gemäß § 7 ErbbauVO ersetzt werden kann, bleiben die Vertragsparteien auch nach der Verweigerung der Zustimmung durch den Grundstückseigentümer für eine zumutbare Zeit an die schwebende Unwirksamkeit gebunden (BGH, ZIP 1986, 36).

4. Der Anspruch auf Zustimmung (§ 7 ErbbauVO)

a) Der Zustimmungsanspruch bei Veräußerung (§ 7 Abs. 1 ErbbauVO)

104 § 7 Abs. 1 ErbbauVO gibt dem Erbbauberechtigten einen gesetzlichen Anspruch auf Zustimmung, wenn anzunehmen ist, daß durch die Veräußerung der mit der Bestellung des Erbbaurechts erfolgte Zweck nicht wesentlich beeinträchtigt oder gefährdet wird und daß die Persönlichkeit des Erwerbers Gewähr für eine ordnungsgemäße Erfüllung der sich aus dem Erbbaurechtsinhalt ergebenden Verpflichtungen bietet (BGH, DNotZ 1984, 384, 385; LG München, DNotZ 1973, 554; Ingenstau, Erbbaurecht, § 7, Rn. 2; v. Oefele/Winkler, Handbuch des Erbbaurechts, S. 175 ff.). Diese Vorschrift stellt mithin ein Gegengewicht zu der grundsätzlich freien Entscheidung des Grundstückseigentümers dar, ob er die Zustimmung erteilt oder nicht, wenn im Erbbaurechtsvertrag eine Zustimmungspflicht festgeschrieben wurde. § 7 ErbbauVO gibt mithin den Rahmen vor, innerhalb dessen der Grundstückseigentümer die Zustimmung verweigern kann. Sind die Voraussetzungen nicht gegeben, muß er einer Veräußerung zustimmen. Versagt er sie unter Verstoß gegen § 7 Abs. 1 ErbbauVO, so kann diese Entscheidung nach § 7 Abs. 3 ErbbauVO durch gerichtliche Entscheidung ersetzt werden.

b) Die Voraussetzungen des Zustimmungsanspruchs

§ 7 Abs. 1 ErbbauVO nennt **zwei kumulative Voraussetzungen**, die vorliegen müssen, damit der Grundstückseigentümer zustimmt: 105

- keine wesentliche Beeinträchtigung oder Gefährdung des Zwecks und
- die Persönlichkeit des Erwerbers bietet Gewähr für die ordnungsgemäße Vertragserfüllung.

In der Literatur und Rechtsprechung war allerdings umstritten, ob die Fähigkeit des Erwerbers, den Erbbauzins zu zahlen oder auch einer Erbbauzinsanpassung nachzukommen, den **Prüfungsmaßstab** im Rahmen des § 7 Abs. 1 ErbbauVO darstellt, mit der Folge, daß, wenn dies nicht der Fall sein sollte, die Zustimmung verweigert werden kann. Insbesondere das Gericht hat dies verneint, da der Erbbauzins nicht zum Inhalt des Erbbaurechts gehört. Dem ist allerdings die überwiegende Literatur und auch ein Teil der Rechtsprechung entgegengetreten. Auch der BGH hat darauf hingewiesen, daß die Erzielung von Erbbauzinsen ein mit dem Zustimmungsvorbehalt zu sichernder Zweck sein kann (BGHZ 100, 107, 114). In der gleichen Entscheidung hat der BGH allerdings die Bedeutung des Zustimmungsvorbehaltes dadurch wieder eingeschränkt, als dieser nach seiner Auffassung nicht geltend gemacht werden kann, wenn das Erbbaurecht aus einem der Erbbauzinsreallast vorrangigen Grundpfandrecht versteigert wird. Mit dem Rangrücktritt habe der Grundstückseigentümer selbst die Verfolgung dieses Zwecks eingeschränkt (BGHZ 100, 114). Demgegenüber hat sich die Literatur und auch die Rechtsprechung zum Teil generell dafür ausgesprochen, daß die Zuverlässigkeit der Erbbauzinszahlung ein Kriterium für die Zustimmungspflicht darstellt (OLG Hamm, DNotZ 1987, 40; OLG Celle, DNotZ 1984, 387, 388; Ingenstau, Erbbaurecht, § 7, Rn. 12; v. Oefele/Winkler, Handbuch des Erbbaurechts, S. 175 ff.; Linde/Richter, Erbbaurecht und Erbbauzins, Rn. 101; Schöner/Stöber, Grundstücksrecht, Rn. 1788). 106

Gelegentlich kommt es in der Praxis vor, daß Grundstückseigentümer ihre Zustimmung zur Veräußerung davon abhängig machen, daß der **Erwerber einem Recht zur Erhöhung des Erbbauzinses zustimmt**. Hierbei ist zu beachten, daß § 7 Abs. 1, 2 ErbbauVO ein unbeschränktes Ermessen des Grundstückseigentümers bei der Zustimmung, welche die Veräußerlichkeit des Erbbaurechts faktisch vereiteln könnte, verhindern will. Da § 7 Abs. 1 ErbbauVO nur auf den Erbbaurechtsinhalt abstellt, ergibt sich, daß die Zustimmung nicht von der Vereinbarung zusätzlicher Verpflichtungen des Erwerbers gegenüber dem bisherigen Erbbaurechtsinhalt abhängig gemacht werden darf (OLG Hamm, DNotZ 1976, 534). So kann auch nicht die Vereinbarung eines höheren Erbbauzinses oder einer neuen Wertsicherungsklausel verlangt werden (OLG Frankfurt, Rpfleger 1979, 24). 107

IV. Verfügungsbeschränkungen (§§ 5–8 ErbbauVO)

c) Zustimmungsberechtigter

108 Die Zustimmung ist eine einseitige empfangsbedürftige Willenserklärung, die nach § 29 GBO zum Nachweis für das Grundbuchamt der öffentlichen Beglaubigung bedarf. Bis zur Vornahme der Eintragung im Grundbuch ist allerdings die Zustimmungserklärung gem. § 183 BGB grundsätzlich frei widerruflich. Der Widerruf der Zustimmung ist allerdings nach § 878 BGB ohne Einfluß, wenn die Einigung des Erbbauberechtigten und des Hypothekengläubigers mit der Zustimmung des Grundstückseigentümers gem. § 873 Abs. 2 BGB bindend geworden und der Eintragungsantrag beim Grundbuchamt eingegangen ist (so BGH, NJW 1963, 36; OLG Köln, MittRhNotK 1996, 275; MünchKomm/v. Oefele, BGB, § 5 ErbbauVO, Rn. 4). Zustimmungsberechtigt ist der jeweilige Grundstückseigentümer. Findet nach der Zustimmungserklärung eine Übertragung des Grundstücks statt, so bindet die vom früheren Grundstückseigentümer abgegebene Zustimmung den Rechtsnachfolger nur dann, wenn die Einigung des Erbbauberechtigten und des Erwerbers mit der Zustimmung des Grundstückseigentümers bindend geworden und der Eintragungsantrag beim Grundbuch vor Eintritt der Rechtsnachfolge eingegangen war (§§ 873 Abs. 2, 878 BGB; vgl. OLG Köln, MittRhNotK 1996, 275; OLG Düsseldorf, Rpfleger 1996, 340).

d) Zustimmung zur Belastung (§ 7 Abs. 2 ErbbauVO)

109 Im Hinblick auf Belastungen hat der Erbbauberechtigte einen **Anspruch** gegen den Grundstückseigentümer **auf Erteilung der Zustimmung**, wenn die Belastung mit den Regeln einer ordnungsgemäßen Wirtschaft vereinbar ist und hierdurch der mit der Bestellung des Erbbaurechts verfolgte Zweck nicht wesentlich beeinträchtigt oder gefährdet wird. Zustimmungspflichtig sind zweifelsfrei solche Belastungen, die im Zusammenhang mit der Errichtung, dem Ausbau, Umbau oder Wiederaufbau des Bauwerkes stehen und keine Überbelastung des Erbbaurechts darstellen. Als Beleihungsgrenze sind ca. 70% des Verkehrswertes anzunehmen (BayObLG, DNotZ 1989, 368).

110 Die am Erbbaurecht abzusichernden Kredite müssen aber nicht unbedingt mit dem Bauherrn im Zusammenhang stehen, sie müssen nur **dem Erbbauberechtigten zugute kommen** (BayObLG, Rpfleger 1974, 357). Zustimmungspflichtig sind daher auch Belastungen, die dem Gewerbebetrieb des Erbbauberechtigten oder seiner Existenz dienen (BayObLG, DNotZ 1989, 368; OLG Frankfurt, DNotZ 1978, 105).

111 Das OLG Hamm ist in ständiger Rechtsprechung der Auffassung, daß eine Belastung eines Erbbaurechts mit den **Regeln einer ordnungsgemäßen**

Wirtschaft dann zu vereinbaren ist, wenn sie sich im Rahmen der wirtschaftlichen Verhältnisse des Erbbaurechts hält und vernünftig dem wirtschaftlichen Verhalten entspricht (vgl. OLG Hamm, Rpfleger 1985, 291; OLG Hamm, NJW-RR 1991, 20; OLG Hamm, OLG-Report 1996, 194). Ebenso anerkannt ist, daß die Zustimmung auch bei Eintragung einer Sicherungshypothek im Wege der Zwangsvollstreckung erforderlich ist (vgl. BayObLG, DNotZ 1997, 142; v. Oefele/Winkler, Handbuch des Erbbaurechts, Rn. 4.223; Ingenstau, Erbbaurecht, § 5, Rn. 20). Die Verfügungsbeschränkung nach § 5 Abs. 2 ErbbauVO bezweckt, den Grundstückseigentümer vor einer übermäßigen Belastung des Erbbaurechts zu schützen. Der Grundstückseigentümer kann daher die **Zustimmung verweigern**, wenn die Belastung mit den Regeln einer ordnungsgemäßen Wirtschaft nicht vereinbar ist und durch die Belastung der mit der Bestellung des Erbbaurechts verfolgte Zweck wesentlich beeinträchtigt oder gefährdet würde. Das Zustimmungserfordernis entfällt nach Auffassung des BayObLG (a.a.O.) auch dann nicht, wenn der Erbbauberechtigte zugleich Eigentümer des mit dem Erbbaurecht belasteten Grundstücks ist. Der Bauunternehmer, der die Belastung eines Erbbaurechts mit einer Bauunternehmersicherungshypothek anstrebt, ist berechtigt, die gerichtliche Ersetzung der Zustimmung nach § 7 Abs. 3 ErbbauVO zu beantragen. Das Ersetzungsverfahren setzt nicht voraus, daß der Bauunternehmer den Anspruch auf Bestellung der Hypothek zuvor gerichtlich durchsetzt (BayObLG, MittBayNot 1997, 172).

e) **Ersetzung der Zustimmung (§ 7 Abs. 3 ErbbauVO)**

Nach § 7 Abs. 3 ErbbauVO kann die Zustimmung **auf Antrag des Erbbauberechtigten** durch das Amtsgericht ersetzt werden, in dessen Bezirk das Grundstück belegen ist, wenn der Grundstückseigentümer die Zustimmung ohne ausreichenden Grund verweigert.

112

Die Ersetzung nach § 7 Abs. 3 ErbbauVO kann dann vorgenommen werden, wenn der Nutzer einen **Anspruch auf Zustimmung** hat, oder, wenn die Zustimmung **nicht in der für das Grundbuch notwendigen Form** des § 29 GBO erteilt wird (OLG Hamm, NJW-RR 1993, 1106; Palandt/Bassenge, BGB, § 7 ErbbauVO, Rn. 6; Ingenstau, Erbbaurecht, § 7, Rn. 5). Bei dem Zustimmungsverfahren handelt es sich um ein echtes Streitverfahren der freiwilligen Gerichtsbarkeit. Das Verfahren wird eingeleitet durch einen Antrag des Erbbauberechtigten, der gegen den Grundstückseigentümer zu richten ist (vgl. im einzelnen v. Oefele/Winkler, Handbuch des Erbbaurechts, S. 177 ff.). Zuständig ist das Amtsgericht, in dessen Bezirk das Grundstück belegen ist, und zwar das Gericht der freiwilligen Gerichtsbarkeit. Die Ersetzung der Zustimmung des Grundstückseigentümers wird bereits mit Rechtskraft wirksam und nicht erst mit der Bekanntgabe an den Antrag-

113

steller. Die Ersetzung muß das rechtsgeschäftliche Verfügungsgeschäft genau bezeichnen (OLG Frankfurt, Rpfleger 1977, 308).

114 Das schutzwürdige Interesse an der Ersetzung der Zustimmung zur Veräußerung des Erbbaurechts entfällt nicht allein dadurch, daß der **Erbbauberechtigte rechtskräftig verurteilt** worden ist, das Erbbaurecht Zug um Zug gegen Kaufpreiszahlung an die Vorkaufsberechtigten zu übertragen (BayObLG, FGPrax 1999, 89). Der Bauunternehmer, der die Belastung eines Erbbaurechts mit einer Bauunternehmersicherungshypothek anstrebt, ist berechtigt, die gerichtliche Ersetzung der Zustimmung nach § 7 Abs. 3 ErbbauVO zu beantragen (BayObLG, MittBayNot 1997, 172).

115 Zu berücksichtigen ist, daß daneben auch ein Schadensersatzanspruch entstehen kann: Der Erbbauberechtigte kann von dem Eigentümer des Grundstücks Schadensersatz aus positiver Forderungsverletzung verlangen, wenn der Eigentümer pflichtwidrig und schuldhaft die Zustimmung des Erbbaurechts verweigert (OLG Frankfurt, OLG-Report 1998, 205).

V. Sonstige schuldrechtliche Vereinbarungen

1. Allgemeines

116 Neben den Vereinbarungen, die zum gesetzlichen Inhalt des Erbbaurechts gehören und die zum sonstigen vertraglichen Inhalt gemacht werden können, enthält der Erbbaurechtsvertrag meist eine Reihe weiterer Regelungen schuldrechtlicher Natur. Darüber hinaus können die Beteiligten selbstverständlich auch die Vereinbarungen, die grundsätzlich zum vertraglichen Inhalt bestimmt werden, **lediglich mit schuldrechtlicher Wirkung** ausgestalten.

Die Besonderheit dieser schuldrechtlichen Vereinbarungen ist, daß sie nicht auf einen Sonderrechtsnachfolger übergehen, wenn nicht im Bestellungsvertrag eine Klausel aufgenommen wurde, die den Erbbauberechtigten verpflichtet, im Falle einer Veräußerung des Erbbaurechts die nur schuldrechtlich wirkenden Verpflichtungen seinem Rechtsnachfolger aufzuerlegen (**Weitergabeverpflichtung**).

2. Einzelne schuldrechtliche Vereinbarungen

a) Das dem Erbbaurecht zugrundeliegende Kausalgeschäft

117 Die vorstehend beschriebenen Vereinbarungen sind Vereinbarungen, die das Erbbaurecht in dinglicher Hinsicht ausgestalten. Wie bei den meisten dinglichen Verträgen liegt auch der Erbbaurechtsbestellung ein schuldrechtliches Geschäft zugrunde. Der auf Begründung eines Erbbaurechts zielende

schuldrechtliche Verpflichtungsvertrag bedarf nach § 11 Abs. 2 ErbbauVO der Form des § 313 BGB, also der **notariellen Beurkundung**.

Der **Formzwang** erstreckt sich auf das gesamte schuldrechtliche Geschäft, mithin auf alle Vereinbarungen, die nach dem Willen der Beteiligten rechtlich eine Einheit bilden sollen. Die Aufgabe des schuldrechtlichen Grundgeschäfts liegt vor allem in der synallagmatischen Verknüpfung zwischen dem Erbbaurecht in seiner konkreten vertraglichen Ausgestaltung und den Gegenleistungen, die der Erbbauberechtigte schuldet (vgl. v. Oefele/Winkler, Handbuch des Erbbaurechts, S. 208 f.). Auch das Verhältnis von Leistung und Gegenleistung bestimmt sich nach den allgemeinen Schuldrechtsvorschriften der §§ 320 ff. BGB. 118

b) Leistungsstörungen

Problematisch ist allerdings, nach welchem Recht sich etwaige Leistungsstörungen zwischen den Beteiligten richten. Die Rechtsprechung geht davon aus, daß der Verpflichtungsvertrag zur Bestellung eines Erbbaurechts gegen Zahlung von Erbbauzinsen gem. § 433 Abs. 1 Satz 2 BGB den Kauf eines – künftigen – Rechts darstellt, das zum Besitz einer Sache (des Erbbaugrundstücks) berechtigt. Daß ein solcher Vertrag, sofern allein auf die vereinbarte Belastungspflicht abgestellt wird, auch als kaufähnlicher Vertrag im Sinne der §§ 445, 493 BGB verstanden werden kann, ist nach Auffassung des BGH unerheblich; denn die kaufrechtlichen Gewährleistungsvorschriften, auf welche die §§ 445, 493 BGB verweisen, gelten auch für den zum Sachbesitz berechtigenden Rechtskauf und zwar bei Rechtsmängeln unmittelbar (§§ 434, 437 BGB) und bei Sachmängeln nach allgemeiner Auffassung analog (vgl. BGH, NJW 1986, 1605; BGH, NJW 1965, 532; OLG Düsseldorf, NJW 1971, 436; v. Oefele/Winkler, Handbuch des Erbbaurechts, S. 208 f.; so auch die Begründung zum Regierungsentwurf, BT-Drs. 12/5992, S. 217). Daher sind die **Gewährleistungsregelungen** der §§ 459 ff. BGB auf Anträge zur entgeltlichen Verschaffung eines Erbbaurechts **entsprechend anwendbar** (BGH, NJW 1986, 1605). Da das Erbbaurecht nach dem SachRBerG ebenfalls als Gegenleistung die Zahlung eines Erbbauzinses vorsieht, sind die Vorschriften über den Rechtskauf anzuwenden. 119

c) Die Gegenleistung

Nach der ErbbauVO können die Beteiligten im Rahmen der Vertragsfreiheit entscheiden, ob sie das Erbbaurecht **entgeltlich oder unentgeltlich** übertragen bzw. welche Form der Gegenleistung sie wählen (vgl. MünchKomm/ v. Oefele, BGB, § 9 ErbbauVO, Rn. 1; Ingenstau, Erbbaurecht, § 9, Rn. 1). Die Vereinbarung einer Gegenleistung ist nach h.M. kein wesentliches 120

Merkmal eines Erbbaurechtsvertrages (BGH, DNotZ 1970, 352; BayObLG, NJW 1960, 1155; Hartmann, DB 1974, Beilage Nr. 22, Rn. 7; v. Oefele/Winkler, Handbuch des Erbbaurechts, S. 281 f.; Ingenstau, Erbbaurecht, § 9, Rn. 1). Üblicherweise wird allerdings das Entgelt in wiederkehrenden Leistungen als Erbbauzins vereinbart. Dies ist auch der einzige Fall, den die ErbbauVO in § 9 regelt. Dennoch bleibt es den Beteiligten unbenommen, eine andere Form der Gegenleistung, etwa eine einmalige Abfindung, zu vereinbaren.

d) Sonstige schuldrechtliche Vereinbarungen

aa) Vorkaufsrecht

121 In Erbbaurechtsverträgen, die unter den Beteiligten frei ausgehandelt werden, ist es häufig üblich, daß die Parteien sich gegenseitig Vorkaufsrechte einräumen. Damit soll erreicht werden, daß bei einem Verkauf des Grundstücks oder des Erbbaurechts andere Beteiligte die Möglichkeit haben, das Grundstück bzw. das Erbbaurecht zu erwerben. Die ErbbauVO sieht **kein gesetzliches Vorkaufsrecht** vor. Das Vorkaufsrecht kann entweder als schuldrechtliches nach den §§ 504 ff. BGB oder als dingliches Vorkaufsrecht nach den §§ 1094 ff. BGB vereinbart werden (vgl. v. Oefele/Winkler, Handbuch des Erbbaurechts, S. 282 f.; Winkler, NJW 1992, 2523). Das Vorkaufsrecht des Erbbauberechtigten ist insbesondere von dem **Ankaufsrecht** zu unterscheiden.

bb) Zwangsvollstreckungsunterwerfung

122 Die Zahlungsverpflichtung des Erbbauberechtigten wird bei freiwillig vereinbarten Erbbaurechten in der Regel mit einer Unterwerfung unter die sofortige Zwangsvollstreckung in das gesamte Vermögen gem. § 794 Abs. 1 Nr. 5 ZPO verbunden (vgl. v. Oefele/Winkler, Handbuch des Erbbaurechts, S. 343 ff.). Die Unterwerfung unter die sofortige Zwangsvollstreckung mit Wirkung gegen den jeweiligen Erbbauberechtigten ist hingegen nicht möglich, da § 800 ZPO auf eine **Reallast** und damit auf den Erbbauzins nicht anwendbar ist.

cc) Rechtsnachfolgeklausel

123 Enthält der Erbbaurechtsvertrag fakultative Vereinbarungen schuldrechtlicher Art, so wirken diese nicht gegenüber den Rechtsnachfolgern der Beteiligten; dies gilt nur für die Vereinbarungen, die zum gesetzlichen oder vertraglichen Inhalt des Erbbaurechts gehören. Die fakultativen schuldrechtlichen Vereinbarungen gehen daher nur auf einen Rechtsnachfolger des Erbbauberechtigten oder Grundstückseigentümers über, wenn sie von ihm ausdrücklich übernommen werden. In diesen Fällen wird daher zur Absi-

cherung der schuldrechtlichen Klausel die Verpflichtung des Erbbauberechtigten bzw. Grundstückseigentümers in den Vertrag aufgenommen, bei einer Veräußerung des Erbbaurechts bzw. des Grundstücks die Übernahme der schuldrechtlichen Vereinbarungen durch den Rechtsnachfolger zu vereinbaren, verbunden mit der Verpflichtung, bei einer Weiterveräußerung diese wiederum seinem Rechtsnachfolger aufzuerlegen (vgl. v. Oefele/Winkler, Handbuch des Erbbaurechts, 120, 123 f.; Hartmann, DB 1970, Beilage Nr. 14 S. 8; Winkler, NJW 1992, 2523).

VI. Die Bestellung des Erbbaurechts und die Grundbucheintragung

1. Überblick

Wie die vorangegangenen Ausführungen gezeigt haben, sind bei einer Erbbaurechtsbestellungsurkunde eine **Vielzahl von unterschiedlichen Bereichen zu unterscheiden**:

- die dinglich wirkenden Abreden, die den gesetzlichen Inhalt des Erbbaurechts festlegen (§ 1 ErbbauVO);
- Vereinbarungen, die zum Inhalt des Erbbaurechts bestimmt werden können (§ 2 ErbbauVO);
- schuldrechtliche Vereinbarungen, die nur zwischen den Vertragspartnern Gültigkeit haben.

2. Die dingliche Bestellung des Erbbaurechts

a) Einigung nach § 873 BGB

Die Begründung eines Erbbaurechts ist die Belastung eines Grundstücks mit einem beschränkt dinglichen Recht. Nach § 11 Abs. 1 Satz 1 ErbbauVO i.V.m. § 873 BGB bedarf es daher für die Entstehung des Erbbaurechts der **Einigung** zwischen dem Erbbauberechtigten und dem Grundstückseigentümer und der **Eintragung im Grundbuch**. Die Einigung als solche bedarf gem. § 873 BGB materiell-rechtlich keiner Form, für die Grundbucheintragung ist allerdings nach §§ 20, 29 GBO die Vorlage einer öffentlich beglaubigten Urkunde notwendig. Da die Einigung meist im schuldrechtlichen Erbbaurechtsbestellungsvertrag enthalten ist, erstreckt sich der Formzwang des § 11 Abs. 2 ErbbauVO i.V.m. § 313 Satz 1 BGB auch auf die dingliche Einigung zur Erbbaurechtsbestellung (vgl. v. Oefele/Winkler, Handbuch des Erbbaurechts, S. 206, MünchKomm/Winkler, BGB, § 11 ErbbauVO, Rn. 10; Ingenstau, Erbbaurecht, § 11, Rn. 39; Erman/Hagen, BGB, vor § 1012, Rn. 10). Da die Einigung der für die Entstehung des Erbbaurechts entscheidende Willensakt zwischen den Beteiligten ist, muß die Einigung auch den Inhalt des Erbbaurechts festlegen. Sie muß daher alles umfassen, was auch nach § 1 ErbbauVO und was darüber hinaus gem. §§ 2–8 ErbbauVO zum vertragsgemäßen Inhalt des Erbbaurechts gemacht werden soll (BGH, DNotZ 1969, 487; BayObLG, DNotZ 1969, 492; KG, Rpfleger 1979, 208; Ingenstau, Erbbaurecht, § 11, Rn. 40; v. Oefele/Winkler, Handbuch des Erbbaurechts, S. 206). Da in diesem Zusammenhang der grundbuchrechtliche Bestimmtheitsgrundsatz gilt, sollte schon bei der Gestaltung der Erbbaurechtsurkunde klar getrennt werden zwischen dem dinglichen, vertraglichen Inhalt des Erbbaurechts und dem schuldrechtlichen Teil des Vertrages. Es ist nicht Aufgabe des Grundbuchamtes, diese Trennung im Wege der Auslegung vorzunehmen (OLG Hamm, DNotZ 1967, 635; BGH, DNotZ 1969, 487; BayObLG, DNotZ 1969, 492; v. Oefele/Winkler, Handbuch des Erbbaurechts, S. 207).

b) Nichtiger Erbbaurechtsvertrag und Grundbucheintragung

126 In der Praxis stellte sich die Frage, ob ein formunwirksamer Erbbaurechtsvertrag, bei dem lediglich die Unterschrift der Beteiligten beglaubigt wurde, in das Grundbuch eingetragen werden kann. § 11 Abs. 2 ErbbauVO mit seiner Verweisung auf § 313 BGB erfaßt nach h.M. nur den der Bestellung des Erbbaurechts zugrundeliegenden schuldrechtlichen Verpflichtungsvertrag. Nach ganz h.M. ist aber auch § 313 Satz 2 BGB entsprechend anwendbar, so daß mit der Eintragung des Erbbaurechts im Grundbuch der Formmangel des schuldrechtlichen Geschäfts geheilt wird (v. Oefele/Winkler, Handbuch des Erbbaurechts, S. 217; Ingenstau, Erbbaurecht, § 11, Rn. 34). Da die für die Grundbucheintragung notwendige **dingliche Einigung** nur gem. §§ 20, 29 GBO der **öffentlichen Beglaubigung** bedarf, stellt sich die Frage, ob eine derartige dingliche Einigung, die in einem formnichtigen Erbbaurechtsvertrag enthalten ist, ebenfalls nichtig ist. Im Gegensatz zu den meisten Eintragungen genügt für die Eintragung eines Erbbaurechts nicht die einseitige Bewilligung des Grundstückseigentümers (v. Oefele/Winkler, Handbuch des Erbbaurechts, S. 212). § 20 GBO stellt eine Durchbrechung des formellen Konsensprinzips zugunsten des materiellen Konsensprinzips dar. Es gilt der Grundsatz, daß das Grundbuchamt zwar die Wirksamkeit der Einigung nicht in allen Einzelheiten prüfen darf, es aber die Eintragung ablehnen darf, wenn es aufgrund feststehender Tatsachen zu der Überzeugung gelangt, daß das Grundbuch durch die Eintragung unrichtig würde (vgl. BayObLG, DNotZ 1974, 441; OLG Frankfurt, DNotZ 1981, 40). Bei dieser Fallkonstellation ist insbesondere die Frage des Abstraktionsprinzips entscheidend, da nur für das schuldrechtliche Grundgeschäft die notarielle Form vorgeschrieben ist. Insbesondere die Reichweite des § 139 BGB zwischen Kausalgeschäft und Erfüllungsge-

schäft spielt hier die entscheidende Rolle. Ein Teil der Rechtsprechung und Literatur ist auch im vorliegenden Fall der Auffassung, daß das Abstraktionsprinzip auch beim Erbbaurechtsvertrag in vollem Umfang gelte, so daß die Nichtigkeit des schuldrechtlichen Grundgeschäftes nicht auf die dingliche Einigung durchschlage (so OLG Oldenburg, DNotZ 1985, 712). Diese Auffassung verkennt allerdings, daß beim Erbbaurechtsvertrag die dingliche Einigung nicht nur die reine Auflassung, sondern eine Vielzahl das Erbbaurecht ausgestaltende Elemente enthält, die zum dinglichen Inhalt des Erbbaurechts werden und in § 1 Abs. 2 ErbbauVO genannt sind. Der Erbbaurechtsvertrag enthält daher anders als die Auflassung eine Vielzahl von schuldrechtlichen Elementen, die mit der Eintragung verdinglicht werden. Aus diesen Gründen wird man daher beim Erbbaurechtsvertrag der Auffassung sein müssen, daß eine Geschäftseinheit im Sinne des § 139 BGB besteht, so daß, wenn die dingliche Einigung und das schuldrechtliche Grundgeschäft in einem einzigen Vertrag niedergelegt sind, auch die dingliche Einigung nicht mehr der notariellen Beglaubigung, sondern der Beurkundung bedarf (so insbesondere Wufka, DNotZ 1985, 651; v. Oefele/Winkler, Handbuch des Erbbaurechts S. 214; Staudinger/Ring, BGB, § 11 ErbbauVO, Rn. 22; a.A. OLG Oldenburg, DNotZ 1985, 651).

c) Genehmigungen

Wie bei einem Grundstückskaufvertrag bedarf die dingliche Einigung der notwendigen privatrechtlichen Genehmigungen, u.U. auch der **Zustimmung des Ehegatten** gem. § 1365 BGB (vgl. v. Oefele/Winkler, Handbuch des Erbbaurechts, S. 219 f.). Der gesetzliche Vertreter eines Minderjährigen bedarf einer vormundschaftsgerichtlichen Genehmigung (§§ 1643, 1821 Abs. 1 Nr. 1 BGB). 127

Darüber hinaus können **öffentlich rechtliche Genehmigungen** erforderlich sein: 128

- Umlegungsgenehmigung nach § 51 Abs. 1 Nr. 1, 2 BauGB;
- Sanierungsgenehmigung nach § 144 Abs. 2 Nr. 1, Nr. 3 BauGB;
- Der Erbbaurechtsbestellungsvertrag bedarf nach der herrschenden Meinung keiner Genehmigung nach § 2 Abs. 1 Grundstücksverkehrsgesetz (vgl. v. Oefele/Winkler, Handbuch des Erbbaurechts, S. 220; Schöner/Stöber, Grundbuchrecht, Rn. 1720; BGH, NJW 1976, 519; Ingenstau, Erbbaurecht, § 11, Rn. 81);
- Nach § 22 GrEStG ist zur Eintragung des Erbbaurechts in das Grundbuch die Unbedenklichkeitsbescheinigung des Finanzamtes hinsichtlich der Grunderwerbsteuer erforderlich (BFH, NJW 1968, 1543; BFH, NJW

VI. Die Bestellung des Erbbaurechts und die Grundbucheintragung

1979, 392; Ingenstau, Erbbaurecht, § 11, Rn. 78; MünchKomm/von Oefele, BGB, § 11 ErbbauVO, Rn. 40);

- Grundstücksverkehrsgenehmigung nach §§ 1, 2 GVO in den neuen Bundesländern.

d) Die Grundbucheintragung

129 Nach § 873 Abs. 1 BGB i.V.m. § 11 Abs. 1 ErbbauVO entsteht das Erbbaurecht erst mit der Eintragung im Grundbuch. Die Eintragung setzt neben der Einigung die Eintragungsbewilligung des Grundstückseigentümers nach § 19 GBO und den Eintragungsantrag (§ 13 GBO) voraus. Das Grundbuchamt prüft insbesondere, ob die gesetzlichen **Mindestanforderungen des § 1 ErbbauVO** eingehalten sind und ob der vertraglich bestimmte Inhalt gesetzlich zulässig ist.

130 Nach § 10 ErbbauVO muß das Erbbaurecht am belasteten Grundstück die **ausschließlich erste Rangstelle** erhalten.

131 Durch § 39 Abs. 1 SachRBerG wird im Rahmen der Sachenrechtsbereinigung die **gleichrangige Eintragung mehrerer Erbbaurechte an erster Rangstelle** ermöglicht. Nach der herrschenden Meinung ist dies nach der Erbbaurechtsverordnung nicht möglich, da der Gleichrang der Erbbaurechte das zwingende Erfordernis des ausschließlich ersten Ranges verhindern würde (OLG Frankfurt, DNotZ 1967, 688, 689; v. Oefele/Winkler, Handbuch des Erbbaurechts, S. 56). Im Rahmen des § 39 Abs. 1 SachRBerG schadet daher der Gleichrang eines anderen Erbbaurechts, das auf der Grundlage des SachRBerG bestellt wurde, nicht.

132 **Nicht rangfähige Rechte** im Sinne von § 879 BGB hindern allerdings die Eintragung an erster Rangstelle nach § 10 ErbbauVO nicht: z.B. Zwangsversteigerungsvermerk (§ 19 ZVG), Umlegungsvermerk (§ 54 Abs. 1 Baugesetzbuch), Sanierungsvermerk (§ 143 Abs. 4 Baugesetzbuch), Nacherbenvermerk (streitig, vgl. OLG Hamm, DNotZ 1990, 46; MünchKomm/ v. Oefele, BGB, § 10 ErbbauVO, Rn. 4; Winkler, DNotZ 1970, 651, 654, Palandt/Bassenge, BGB, § 10 ErbbauVO, Rn. 1). Nach § 1 Abs. 4 ErbbauVO muß der Nacherbe eines nicht befreiten Vorerben allerdings zustimmen.

133 Eine **Ausnahme** vom Gebot der ersten Rangstelle läßt die Rechtsprechung beim subjektiv dinglichen Vorkaufsrecht zugunsten des jeweiligen Erbbauberechtigten und für die Dauer des Erbbaurechts zu (vgl. BGH, DNotZ 1954, 469; Haegele/Schöner/Stöber, Grundbuchrecht, Rn. 1738). Gleiches soll bei einem subjektiv persönlichen Vorkaufsrecht nach § 1094 Abs. 1 BGB gelten, wenn es dem Erbbauberechtigten zusteht und nur solange besteht, wie der Berechtigte Erbbauberechtigter ist. Als Argument für diese Ausnahmen

wird angeführt, daß diese Rechte immer dem Erbbauberechtigten zustehen, sie nicht auf Dritte übertragbar sind und aus ihnen auch keine Zwangsversteigerung droht. Die Literatur ist daher der Auffassung, daß das gleiche für andere subjektiv dingliche Rechte zugunsten des jeweiligen Erbbauberechtigten gilt, die gem. § 96 BGB Bestandteil des Erbbaurechts sind.

Wird ein Erbbaurecht mit einem anderen als ausschließlich ersten Rang eingetragen, so ist es nach herrschender Meinung nichtig und als inhaltlich unzulässige Eintragung nach § 53 Abs. 1 Satz 2 GBO von Amts wegen zu löschen (Ingenstau, Erbbaurecht, § 10, Rn. 2; MünchKomm/v. Oefele, BGB, § 10 ErbbauVO, Rn. 8; Staudinger/Ring, BGB, § 10 ErbbauVO, Rn. 6). Eine Heilung kann nach einhelliger Auffassung nicht durch eine bloße Rangänderung des bisher nachrangigen Erbbaurechts erfolgen, sondern lediglich durch dessen Löschung und nachfolgende Neueintragung (OLG Hamm, DNotZ 1977, 613; MünchKomm/v. Oefele, BGB, § 10 ErbbauVO, Rn. 8). Ungeklärt ist, ob ein im Grundbuch zwar eingetragenes, materiell aber erloschenes Buchrecht die gleichen Rechtsfolgen der Nichtigkeit hat. Die schwerwiegende Folge der Nichtigkeit sollte nicht bei bloßen Buchrechten angenommen werden, da diese keine echten Belastungen darstellen (so Gutachten DNotI-Report 1999, 150). 134

VII. Der Erbbauzins

1. Der wirtschaftliche Wert der Gegenleistung

Der Erbbauzins stellt ein regelmäßiges Entgelt für die Einräumung eines Erbbaurechts dar. Das Gesetz definiert in § 9 ErbbauVO den Erbbauzins als ein **Entgelt in wiederkehrenden Leistungen**. Der Zinssatz ist einer von mehreren Elementen, die sowohl den wirtschaftlichen Wert des Erbbaurechts bestimmen als auch das wirtschaftliche Entgelt für die Bestellung des Erbbaurechts. Zwei weitere Faktoren, die für die **wirtschaftliche Bewertung** des Erbbaurechts von Bedeutung sind, sind der **Grundstücks- bzw. Bodenwert** und die **Laufzeit** des Erbbaurechts. Zins und Grundstückswert geben darüber hinaus die regelmäßige zu zahlende Belastung an. Kapitalisiert man diese Belastung auf die Dauer des Erbbaurechts, ergibt sich ein kapitalisierter Betrag, der den derzeitigen wirtschaftlichen Wert der Gegenleistung für die Bestellung des Erbbaurechts widerspiegelt (vgl. Götz, DNotZ 1980, 3, 5 f.; Lehmann, Zur Wertermittlung von Erbbaurechtsgrundstücken, S. 30 ff.; Brückner/Noack, NJW 1971, 736 ff.). 135

Diese Faktoren stellen daher die zentralen Elemente dar, die den Interessenausgleich zwischen Grundstückseigentümer und Erbbauberechtigten regeln und daher bei einem frei vereinbarten Erbbaurecht regelmäßig unter Beachtung der Verkehrswerte wirtschaftlich ausgehandelt werden. 136

137 Bei der Bestimmung des Erbbauzinses ist der **Interessenkonflikt** zwischen Grundstückseigentümer und Besitzer **abzugleichen**: Während der Grundstückseigentümer einen möglichst hohen Erbbauzins erhalten will, wünscht der Erbbauberechtigte einen möglichst niedrigen Erbbauzins. In der Praxis haben sich je nach Marktzins Zinssätze zwischen 4–5 % für Wohngrundstücke und 5–6 % für gewerblich genutzte Grundstücke als üblich erwiesen (vgl. Götz, DNotZ 1980, 3, 5).

2. Begriff und Inhalt des Erbbauzinses

138 Der Erbbauzins ist das Entgelt für die Bestellung des Erbbaurechts. Voraussetzung dafür, daß es sich bei einem Entgelt um einen Erbbauzins im Sinne des § 9 ErbbauVO handelt, ist, daß es in wiederkehrenden Leistungen besteht. **Rechtsgrundlage** für die Zahlung des Erbbauzinses ist das schuldrechtliche Grundgeschäft, welches die Erbbaurechtsbestellung zugrundelegt.

139 Beim Erbbauzins ist grundsätzlich der **dingliche und der schuldrechtliche Erbbauzins** zu unterscheiden. Zunächst stellt die Vereinbarung eines bestimmten Erbbauzinses in der Erbbaurechtsbestellungsurkunde die schuldrechtliche Gegenleistung für die Erbbaurechtsbestellung dar. Regelmäßig findet allerdings daneben eine dingliche, grundbuchmäßige Sicherung des Erbbauzinses statt; diese erfolgt nach § 9 Abs. 1 Satz 1 ErbbauVO durch Eintragung des Erbbauzinses im Grundbuch. Sachenrechtlich handelt es sich dabei um eine Reallast, für die die allgemeinen Bestimmungen über die Reallast gem. §§ 1105 ff. BGB gelten. Es bleibt den Beteiligten aber unbenommen, auf eine dingliche Sicherung zu verzichten und die Erbbauzinspflicht mit lediglich schuldrechtlicher Wirkung zu vereinbaren. Eine solche schuldrechtliche Vereinbarung ist trotz § 9 ErbbauVO möglich (vgl. Staudinger/Ring, BGB, § 9 ErbbauVO, Rn. 4; Ingenstau, Erbbaurecht, § 9, Rn. 4; Linde/Richter, Erbbaurecht und Erbbauzins, S. 119 ff.). Regelmäßig vereinbaren die Beteiligten beim Erbbaurechtsvertrag aber die vom Gesetzgeber auch als Regelfall vorgesehene Erbbauzinsreallast. Nur für diese gelten die Voraussetzungen des § 9 Abs. 1 ErbbauVO. Vereinbaren die Parteien einen bestimmten Erbbauzins, ohne festzulegen, ob hiermit der schuldrechtliche oder dingliche Erbbauzins gemeint ist, wird in der Regel die Vereinbarung als eine rechtsgeschäftliche Begründung einer reallastartigen Verpflichtung auszulegen sein (Linde/Richter, Erbbaurecht und Erbbauzins, S. 120). In diesem Fall stellt sich der Erbbauzins als ein reallastähnliches Recht dar, das als subjektive dingliche Belastung auf dem Erbbaurecht ruht (vgl. BGH, NJW 1981, 234; Erman/Hagen, BGB, § 9 ErbbauVO, Rn. 2; MünchKomm/von Oefele, BGB, § 9 ErbbauVO, Rn. 5; Winkler, NJW 1992, 2517).

140 Der **Erbbauzins ist nicht Inhalt des Erbbaurechts** nach § 2 ErbbauVO (vgl. allerdings BT-Drs. 12/5992, 41, 188).

Da es sich beim Erbbauzins um ein **reallastartiges Recht** handelt, finden nach § 1107 BGB auf die einzelnen Leistungen aus der Reallast die für die Zinsen einer Hypothekenforderung geltenden Vorschriften entsprechende Anwendung; demgemäß **verjähren rückständige Erbbauzinsen in vier Jahren** (§§ 194, 197, 902 Abs. 1 Satz 2 BGB) mit dem Ende des Jahres, in dem die Fälligkeit eingetreten ist (vgl. v. Oefele/Winkler, Handbuch des Erbbaurechts, S. 272, 291).

141

3. Entstehung des Erbbauzinses

Ist lediglich eine schuldrechtliche Erbbauzinsklausel vereinbart, entsteht der Erbbauzinsanspruch mit Abschluß des Erbbaurechtsvertrages. Der in den meisten Fällen gewollte dingliche Erbbauzins bedarf nach § 873 BGB der dinglichen Einigung und der Eintragung des Erbbauzinses im Erbbaugrundbuch. Grundsätzlich ist die Einigung nach § 873 BGB formlos möglich, so daß auch die Vereinbarung des Erbbauzinses an sich formlos gültig ist. Für die Eintragung im Grundbuch bedarf es allerdings der **Eintragungsbewilligung** gem. §§ 19, 29 GBO in öffentlich beglaubigter Form. Da die Erbbauzinsvereinbarung beim Erbbaurechtsvertrag nach dem SachRBerG mit dem schuldrechtlichen Kausalvertrag erfolgt, der den Anspruch nach § 32 SachRBerG ausfüllt, bedarf auch die Erbbauzinsvereinbarung gem. § 11 Abs. 2 ErbbauVO in Verbindung mit § 313 BGB als wesentlicher Teil des formbedürftigen Rechtsgeschäfts der **notariellen Beurkundung** (v. Oefele/Winkler, Handbuch des Erbbaurechts, S. 284 f.; Ingenstau, Erbbaurecht, § 9, Rn. 5; MünchKomm/von Oefele, § 9 ErbbauVO, Rn. 8.)

142

Weiter erforderlich ist die **Eintragung im Grundbuch**. Die Eintragung erfolgt in Abteilung II des Erbbaugrundbuches und muß nicht notwendig an erster Stelle erfolgen. Die Erbbauzinsreallast kann als subjektiv dingliches Recht nur zu Gunsten des jeweiligen Eigentümers eingetragen werden, wird hiergegen verstoßen, so ist die unzulässige Eintragung im Grundbuch von Amts wegen zu löschen (BayObLG, NJW 1961, 1263).

143

Da der dingliche Erbbauzins als Erbbauzinsreallast erst mit der Eintragung im Grundbuch entsteht, kann der **Anfangszeitpunkt** des Erbbauzinses nicht vor der Eintragung im Erbbaugrundbuch liegen (BGH, Rpfleger 1973, 355; Promberger, Rpfleger 1975, 233; v. Oefele/Winkler, Handbuch des Erbbaurechts, S. 284 f.).

144

Wird mit dem Erbbaurechtsvertrag ein früherer Zinsbeginnzeitpunkt vereinbart, dann hat dieser lediglich schuldrechtliche Wirkung. Es empfiehlt sich daher, im Erbbaurechtsvertrag deutlich die schuldrechtliche Vereinbarung des früheren Fälligkeitszeitpunktes vor der Eintragung im Erbbaugrundbuch vom dinglich vereinbarten Erbbauzins zu trennen (vgl. Formulierungsvorschlag bei v. Oefele/Winkler, Handbuch des Erbbaurechts, S. 289).

145

VII. Der Erbbauzins

> *Formulierungsvorschlag:*
>
> *„Der Erbbauberechtigte ist verpflichtet, an den Grundstückseigentümer als laufendes Entgelt auf die Dauer des Erbbaurechts einen Erbbauzins zu bezahlen. Der Erbbauzins beträgt jährlich ... DM. Dieser wird als Belastung des Erbbaurechts (Reallast) im Grundbuch zugunsten des jeweiligen Grundstückseigentümers eingetragen.*
>
> *Der Erbbauzins ist jeweils am 1. Januar eines jeden Jahres im voraus zur Zahlung fällig, erstmals mit dem 1. Januar, der der Eintragung im Grundbuch folgt.*
>
> *Vom Zeitpunkt des Besitzübergangs bis zum 1. Januar, der der Grundbucheintragung folgt, vereinbaren die Beteiligten ein schuldrechtliches Nutzungsentgelt in Höhe des vereinbarten Erbbauzinses. Dieses Nutzungsentgelt ist zeitanteilig zu leisten und zusammen mit dem ersten Erbbauzins fällig."*

146 Da der Erbbauzins nicht Teil des dinglichen Inhalts des Erbbaurechts ist, kann er auch nachträglich formlos geändert werden und bedarf insbesondere **nicht der notariellen Beurkundung** gem. § 11 Abs. 2 ErbbauVO i.V.m. § 313 BGB (BGH, NJW 1986, 933; Ingenstau, Erbbaurecht, Rn. 10 ff.; v. Oefele/Winkler, Handbuch des Erbbaurechts, S. 294 f.). Notwendig ist vielmehr die dingliche Änderungseinigung nach §§ 877, 873 BGB und die Eintragung im Grundbuch.

4. Der Bestimmtheitsgrundsatz und Anpassungsvereinbarungen

a) Die Regelung vor dem SachRBerG

147 § 9 Abs. 2 Satz 1 ErbbauVO a.F. bestimmte, daß der Erbbauzins nach Zeit und Höhe für die ganze Erbbauzeit im voraus bestimmt sein muß. Dieser Grundsatz galt wie der gesamte § 9 ErbbauVO a.F. nur für die dingliche Erbbauzinsreallast, nicht für einen lediglich schuldrechtlich vereinbarten Erbbauzins. Der **Bestimmtheitsgrundsatz** des Erbbauzinses gem. § 9 Abs. 2 Satz 1 ErbbauVO a.F. hatte die Aufgabe, eine sichere Grundlage für die Beleihung des Erbbaurechts zu schaffen (BGH, DNotZ 57, 300; BGH, DNotZ 75, 154; BGH, NJW 1970, 944). Daher mußte der Erbbauzins **bestimmt** und **nicht bloß bestimmbar** sein (OLG Hamm, NJW 1967, 2362; Staudinger/Stürner, BGB, § 9 ErbbauVO, Rn. 3). Der Bestimmtheitsgrundsatz besagte, daß zum einen die Fälligkeit aller Leistungen datumsmäßig feststehen und auch die Höhe für die ganze Erbbauzeit im voraus bestimmt sein muß. Das Bestimmtheitserfordernis bedeutete aber nicht, daß die Höhe der geschuldeten Leistung gleichbleibend und die Fälligkeitsdaten gleichmäßig sein müssen. Verstöße gegen das Bestimmtheitserfordernis führten

zur Nichtigkeit der Erbbauzinsvereinbarung (Palandt/Bassenge, BGB, § 9 ErbbauVO, Rn. 3; Ingenstau, Erbbaurecht, § 9, Rn. 24). Damit war im Zweifel der gesamte Erbbaurechtsvertrag gem. § 139 BGB nichtig (so v. Oefele/Winkler, Handbuch des Erbbaurechts, S. 296; Ingenstau, Erbbaurecht, § 9, Rn. 24; Palandt/Bassenge, BGB, § 9 ErbbauVO, Rn. 3). Unzulässig waren alle Vereinbarungen, die lediglich zu einer Bestimmbarkeit führen, ohne daß zum Zeitpunkt der Vereinbarung des Erbbauzinses die Höhe oder die Fälligkeit feststeht (Unzulässig: jeweiliger Diskontsatz der Deutschen Bundesbank, bestimmte Beamtengehälter etc., vgl. Ingenstau, Erbbaurecht, § 9, Rn. 23; MünchKomm/v. Oefele, BGB, § 9 ErbbauVO, Rn. 25).

Nach der alten Rechtslage bestand daher nicht die Möglichkeit, eine Anpassungsvereinbarung mit dinglicher Wirkung zu treffen. Dies verstieß gegen § 9 Abs. 2 Satz 1 ErbbauVO a.F. und den dort geregelten Bestimmtheitsgrundsatz. Nach der herrschenden Meinung galt dieser Bestimmtheitsgrundsatz allerdings nur für den dinglichen Erbbauzins und nicht für etwaige schuldrechtliche Vereinbarungen hinsichtlich des Erbbauzinses, so daß eine schuldrechtliche, nur unter den Vertragsteilen wirkende Vereinbarung über die Anpassung des Erbbauzinses an veränderte wirtschaftliche Verhältnisse zulässig war (BGH, NJW 1957, 98; BGH, DNotZ 1987, 360; Ingenstau, Erbbaurecht, § 9, Rn. 27; v. Oefele/Winkler, Handbuch des Erbbaurechts, S. 290 f.). Diese herrschende Meinung wurde auch vom Gesetzgeber durch Einführung des § 9a ErbbauVO bestätigt und klargestellt. Eine dingliche Wirkung dieser schuldrechtlichen Anpassungsvereinbarung wurde dadurch erreicht, daß zu Gunsten des Grundstückseigentümers beim Erbbaurecht eine Vormerkung zur Sicherung dieses schuldrechtlichen Anspruchs auf Bestellung einer Erbbauzinsreallast entsprechend dem neu festzusetzenden Zins im Grundbuch eingetragen wurde (BGH, NJW-RR 1987, 74; Erman/Hagen, BGB, § 9 ErbbauVO, Rn. 14; Ingenstau, Erbbaurecht, § 9, Rn. 30). 148

b) Die Neuregelung des § 9 Abs. 2 ErbbauVO durch das Sachenrechtsänderungsgesetz vom 21. 9. 1994

Art. 2 § 1 des Sachenrechtsänderungsgesetzes (BGBl. I 1994, 2457, 2489) hat in § 9 Abs. 2 ErbbauVO folgende Sätze 2 und 3 eingeführt: 149

„Inhalt des Erbbauzinses kann auch eine Verpflichtung zu seiner Anpassung an veränderte Verhältnisse sein, wenn die Anpassung nach Zeit und Wertmaßstäben bestimmbar ist. Für die Vereinbarung über die Anpassung des Erbbauzinses ist die Zustimmung der Inhaber dinglicher Rechte am Erbbaurecht erforderlich; § 880 Abs. 2 S. 3 BGB ist entsprechend anzuwenden."

VII. Der Erbbauzins

150 Der Regierungsentwurf der Bundesregierung hatte zunächst eine derartige Gesetzesänderung nicht vorgesehen. Die vorliegende Änderung des § 9 ErbbauVO beruht auf einer Anregung des Bundesrates (BT-Drs. 12/5992, S. 192). Zur Begründung führt der Bundesrat hierzu folgendes aus (BT-Drs. 12/5992, S. 194):

„Die Vorschläge zu § 9 Abs. 2 sollen einer Anpassung der Erbbauzinsreallast an durch Zeitablauf eintretende veränderte wirtschaftliche Verhältnisse ermöglichen, die bisherige Regelung in § 9 Abs. 2 S. 1 ErbbauVO, wonach der Erbbauzins im voraus für die ganze Erbbauzeit bestimmt sein muß, entspricht nicht den wirtschaftlichen Erfordernissen des Grundstückseigentümers und ist auch nicht erforderlich um das Ziel zu erreichen, die Beleihbarkeit des Erbbaurechts zu sichern (...)

Satz 2 bringt die Neuerung, daß auch eine Wertsicherung zum Inhalt der Erbbauzinsreallast bestimmt werden kann. Dies ist für andere Reallasten nach §§ 1105 ff. BGB anerkannt (BGHZ 111, 324, 326; OLG Celle, Beschluß vom 13. 4. 1977, DNotZ 1977, 548, 549). Die Bestimmung sollte die übliche Wertsicherung durch eine schuldrechtliche Vereinbarung auf Anpassung des Erbbauzinses und die Sicherung dieses Anspruches durch eine Vormerkung entbehrlich machen (vgl. dazu BGHZ 22, 220, 224; 61, 209, 211). Die Änderung sollte dazu führen, daß die Anpassung unmittelbar gegenüber dem jeweiligen Erbbauberechtigten, der auch den erhöhten Zins zu zahlen hat, durchzusetzen ist.

Satz 3 ist Folge der Änderung, daß eine nachrangige Erbbauzinsreallast in der Zwangsversteigerung des Erbbaurechts bestehen bleiben soll, auch wenn sie bei der Feststellung des geringsten Gebots nicht zu berücksichtigen ist. Die Erbbauzinsreallast geht damit auf den Ersteher über und wirkt sich daher auch auf dessen Gebot in der Zwangsversteigerung des Erbbaurechts aus. Die Veränderung der Vereinbarungen über die Anpassung des Erbbauzinses beeinflußt damit die Werthaltigkeit anderer, auf dem Erbbaurecht ruhender dinglicher Rechte. Aus diesem Grunde sieht der Vorschlag vor, daß die Änderung solcher Vereinbarungen der Zustimmung der Inhaber dieser Rechte bedarf. Für die Erklärung der Zustimmung sollen die Bestimmungen des BGB über die Zustimmung zu einem Rangrücktritt entsprechend anzuwenden sein."

151 Entsprechend dieser Begründung wurde auch § 9 Abs. 2 Satz 1 ErbbauVO neu gefaßt:

„Der Erbbauzins kann nach Zeit und Höhe auf die gesamte Erbbauzeit im voraus bestimmt werden."

4. Der Bestimmtheitsgrundsatz und Anpassungsvereinbarungen

Die Begründung des Bundesrates zu diesem Vorschlag stellt folgendes fest (BT-Drs., a.a.O.): 152

„Satz 1 stellt klar, daß der Erbbauzins – wie bisher – für die ganze Erbbauzeit im voraus bestimmt werden kann. Dies entspricht der Vertragsgestaltung bei den alten Erbbaurechten. Eine solche Gestaltung kann auch dann sinnvoll sein, wenn das Erbbaurecht für eine nicht allzu lange Zeit gestellt werden soll und die Vertragschließenden eine Festlegung für die gesamte Vertragszeit wünschen."

Wie diese Gesetzesbegründung deutlich machte, war **Wille des Gesetzgebers**, daß die Erbbauzinsreallast wie jede andere Rentenreallast **wertgesichert** werden kann, mit der Folge, daß eine **Erhöhung des Zinses automatisch in dem in der Wertsicherungsklausel enthaltenen Umfang eintritt**. Allerdings war dieser von der Regierungsbegründung klar geäußerte Wunsch des Gesetzgebers im Wortlaut mißverständlich enthalten, da dort bestimmt ist, daß der Inhalt des Erbbauzinses „auch eine Verpflichtung zu seiner Anpassung" sein kann, so daß der Wortlaut auch eine andere Auslegung rechtfertigen konnte. 153

In der Literatur wurde wegen des mißverständlichen Wortlauts zunächst folgendes angenommen: Eickmann Sachenrechtsbereinigung, § 9 ErbbauVO, Rn. 7 und Palandt/Bassenge, BGB, § 9 ErbbauVO, Rn. 10, hatten die Auffassung vertreten, daß nach § 9 Abs. 2 Satz 2 ErbbauVO nur eine **Anpassungsverpflichtung** als Inhalt des Erbbauzinses vereinbart werden könne, somit als **Inhaltsvereinbarung** nur eine Regelung möglich sei, die den jeweiligen Erbbauberechtigten dazu verpflichte, sich mit dem jeweiligen Grundstückseigentümer über die Erhöhung der Erbbauzinsreallast zu einigen. Die Erhöhung wirke dann erst ab Eintragung ins Grundbuch, die zu bewilligen der Erbbauberechtigte verpflichtet ist. 154

Ebenfalls unklar war in der Auslegung zunächst auch die **Neuregelung** des § 9 Abs. 2 Satz 3 ErbbauVO, wonach für die Vereinbarung über die Anpassung des Erbbauzinses die **Zustimmung der Inhaber dinglicher Rechte des Erbbaurechts erforderlich ist**. Hier vertrat Palandt/Bassenge (a.a.O., Rn. 11) die Auffassung, daß **dinglich Berechtigte jeder Anpassung zustimmen** müssen, weil die Anpassung am Rang der Erbbauzinsreallast teilnehme. Bei Fehlen der notwendigen Zustimmung gehe der Anspruch auf Bestellung einer zusätzlichen Reallast an nächst offener Rangstelle. Würde man dieser Auffassung folgen, dann würde die Neuregelung im Vergleich zum früheren Verfahren mit der Vormerkung einen Rückschritt bedeuten, da in diesem Fall die dinglich Berechtigten nach § 888 BGB zur Zustimmung verpflichtet waren. 155

Die Entscheidung des BayObLG vom 18. 7. 1996 (DNotZ 1997, 147 = Rpfleger 1996, 506) hat allerdings unter Berücksichtigung des gesetzgebe- 156 rischen Willens für die Praxis geklärt, daß eine **echte Wertsicherung mit dinglicher Wirkung möglich ist,** ohne daß es der Zustimmung von Inhabern dinglicher Rechte eines Erbbaurechts bedarf. Der Leitsatz der Entscheidung des BayObLG lautet wie folgt:

> *„Nach der Neuregelung des § 9 Abs. 2 ErbbauVO kann als dinglicher Inhalt einer Erbbauzinsreallast zur Wertsicherung auch eine echte Gleitklausel im Grundbuch eingetragen werden, ohne daß jede Erhöhung oder Minderung des Erbbauzinses neu in das Grundbuch eingetragen werden muß, um dingliche Wirkung zu entfalten."*

157   Das Gericht ist daher der Auffassung, daß gem. § 9 Abs. 2 Satz 3 ErbbauVO die Zustimmung nicht zur späteren Änderung des Erbbauzinses erforderlich ist. Diese Bestimmung wird nach Auffassung des BayObLG nur dann eingreifen, wenn die Anpassungsverpflichtung nachträglich zum Inhalt der Erbbauzinsreallast gemacht werden soll. Die Zustimmung nachrangiger oder gleichrangiger Gläubiger ist danach nur für die Vereinbarung der Anpassungsverpflichtung als solche erforderlich, nicht für die nachträglichen Anpassungen selbst.

c) Erneute Änderung durch das Euroeinführungsgesetz

158   Wegen des bestehenden Streits in Literatur und Rechtsprechung über die Auslegung des neuen § 9 Abs. 2 ErbbauVO hat sich der Gesetzgeber entschlossen, mit dem **Euroeinführungsgesetz** v. 9. 6. 1998 (BGBl. I 1242, 1254) mit Geltung ab 10. 6. 1998 eine erneute Änderung des § 9 Abs. 2 ErbbauVO vorzunehmen. Danach sind jetzt die Sätze 1–3 des bisherigen mißverständlichen § 9 Abs. 2 ErbbauVO gestrichen geworden, so daß über § 9 Abs. 1 ErbbauVO die Vorschriften des BGB über die Reallast entsprechende Anwendung finden, ohne daß der Erbbauzins einer Sonderregelung unterworfen wird. § 9 Abs. 1 und 2 lauten daher ab 10. 6. 1998 wie folgt:

> *„(1) Wird für die Bestellung des Erbbaurechts ein Entgelt in wiederkehrenden Leistungen (Erbbauzins) ausbedungen, so finden die Vorschriften des BGB über die Reallast entsprechende Anwendung. Die zugunsten der Landesgesetze bestehenden Vorbehalte über Reallasten finden keine Anwendung.*
>
> *(2) Der Anspruch des Grundstückseigentümers auf Entrichtung des Erbbauzinses kann in Ansehung noch nicht völliger Leistungen nicht von dem Eigentum an dem Grundstück getrennt werden."*

159   Ergänzend wird durch das **Euroeinführungsgesetz** auch § 1105 Abs. 1 BGB geändert. In Abs. 1 wird folgender Satz angefügt (vgl. BGBl. 1998 I, 1254):

> *„Als Inhalt der Reallast kann auch vereinbart werden, daß die zu entrichtenden Leistungen sich ohne weiteres an veränderte Verhältnisse an-*

4. Der Bestimmtheitsgrundsatz und Anpassungsvereinbarungen

passen, wenn anhand der in der Vereinbarung festgelegten Voraussetzungen Art und Umfang der Belastung des Grundstücks bestimmt werden können."

Der Gesetzgeber wollte ausweislich seiner Begründung zu dieser Vorschrift damit nur die bisherige Rechtsprechung zur Reallast, nach der auch Anpassungsvereinbarungen mit direkter dinglicher Wirkung zulässig waren, im Gesetz festschreiben. Damit gelten für den Erbbauzins die **gleichen Grundsätze** wie für die Reallast. 160

§ 9 Abs. 2 ErbbauVO wird durch diese Neuregelung den Vorschriften über Reallasten nach § 1105 BGB angeglichen. Bei der reinen Reallast gilt der Grundsatz, daß die Leistungen nicht ziffernmäßig bestimmt, sondern nur **in ihrem Umfang bestimmbar** sein müssen (BGH, DNotZ 1991, 803; BayObLG, DNotZ 1954, 58; Amann, MittBayNot 1979, 219). Zur Bestimmung dürfen anders als bei der früheren Regelung auch außerhalb des Grundbuchs unter Eintragungsbewilligung liegende Umstände herangezogen werden, wenn sie nachprüfbar sind und die Eintragungsbewilligung auf sie bezug nimmt (BayObLG, DNotZ 1980, 94; OLG Düsseldorf, NJW 1957, 1766). Im Rahmen der Reallast wurden auch Anpassungsvereinbarungen seit langem als zulässig erachtet, wenn die **Anpassungsmaßstäbe** jeweils eine objektive Feststellung des Leistungsumfanges erlauben (BayObLG, DNotZ 1980, 94; OLG Hamm, Rpfleger 1988, 404; OLG Frankfurt, Rpfleger 1988, 247; OLG Oldenburg, Rpfleger 1991, 450). Auch hier gilt also der Grundsatz der Bestimmbarkeit. Nach diesen Grundsätzen konnten auch Wertsicherungsvereinbarungen als Inhalt einer Reallast und nunmehr auch als Inhalt einer Erbbauzinsreallast aufgenommen werden. Entscheidend ist allerdings auch hier, daß anhand objektiver Kriterien zumindest im Zeitpunkt der Erhöhung der Umfang der Erhöhung bestimmbar ist. Leistungsvorbehalte, die dem Ermessen eines Beteiligten oder Dritten überlassen sind, genügen diesem Bestimmbarkeitserfordernis nicht (BGH, DNotZ 1968, 408; Staudinger/Ring, BGB, § 1105 BGB, Rn. 13). Entscheidend ist, ob der Vergleichsmaßstab, der für die Erhöhung ausschlaggebend sein soll, zuverlässig feststellbar ist. 161

Für die Wertsicherung gelten daher die allgemeinen Grundsätze der Reallast, d.h. **Bestimmbarkeit ist erforderlich**. Die Folge ist, daß bei einer automatischen Anpassung (Gleitklausel) jeweils die Höhe dinglich gesichert ist, die sich aus der Wertsicherung ergibt, ohne daß es einer entsprechenden Neueintragung im Grundbuch bedarf. Anpassungsmaßstäbe, die nicht hinreichend bestimmbar sind (z.B. Leistungsvorbehalte) können allerdings weiterhin nicht Inhalt der Erbbauzinsreallast sein, da es an der notwendigen Bestimmbarkeit fehlt. Diese können nur nach der früheren Regelung schuldrechtlich abgesichert werden und dinglich durch eine entsprechende Anpassungsvormerkung gesichert werden. 162

d) Fälligkeit des Erbbauzinses

163 Hinsichtlich des Zeitfaktors ist beim Erbbauzins zum einen die Frage der **Entstehung** der Raten zu beachten und zum anderen die **Fälligkeit** der einzelnen Raten im Erbbaurechtsvertrag zu bestimmen. Im frei ausgehandelten Erbbaurechtsvertrag unterliegen auch die Bestimmungen dieser Faktoren der Vertragsfreiheit der Parteien.

164 Zahlt der Erbbauberechtigte zu den genannten Zeitpunkten nicht, so gerät er ohne Mahnung gem. § 284 Abs. 2 Satz 1 BGB in **Schuldnerverzug**, da die Leistung nach dem Kalender bestimmt ist. Er hat zwar dann dem Grundstückseigentümer den durch den Verzug entstandenen Schaden nach § 286 Abs. 1 BGB zu ersetzen, Verzugszinsen kann der Grundstückseigentümer nach der herrschenden Meinung von dem Erbbauberechtigten auf den dinglichen Erbbauzins jedoch nicht verlangen. Der dingliche Erbbauzins wird dem **Zinseszinsverbot** aus § 289 BGB deshalb unterstellt, weil hierauf nach § 9 Abs. 1 ErbbauVO die Vorschriften über die Reallasten entsprechend anzuwenden sind, somit auch § 1107 BGB, wonach auf die einzelnen Leistungen die für Hypothekenzinsen geltenden Bestimmungen entsprechend Anwendung finden und demzufolge auch § 289 Satz 1 BGB (so BGH, NJW 1970, 243, NJW 1978, 1261; NJW 1980, 2519; DNotZ 1992, 364; Ingenstau, Erbbaurecht, § 9 Rn. 75).

165 Diese **Zinseszinsbeschränkung gilt allerdings nicht**, wenn der **Erbbauzins nur oder zusätzlich schuldrechtlich vereinbart** wird. Auf den schuldrechtlichen Erbbauzins ist § 9 Abs. 1 ErbbauVO nicht anwendbar, somit auch nicht § 1107 BGB und das in diesem Rahmen geltende Zinseszinsverbot aus § 289 BGB (BGH, DNotZ 1992, 365; Staudinger/Ring, BGB, § 9 ErbbauVO, Rn. 24). Demgemäß sind insbesondere in den Fällen, in denen eine schuldrechtliche Erbbauzinsvereinbarung im Vertrag enthalten ist, die zumindest bis zur dinglichen Einigung und Grundbucheintragung die alleinige Anspruchsgrundlage für die Zahlungspflicht bildet, Verzugszinsen zu zahlen.

166 Die einzelnen Erbbauzinsraten **verjähren** gem. §§ 197, 201, 902 Abs. 1 Satz 2 BGB in **vier Jahren**, zum Schluß des Jahres an, in dem der Erbbauzins entstanden ist.

5. Der Beginn der Zahlungspflicht

167 Der zweite Faktor, der für den Erbbauzins von Bedeutung ist, ist die Frage, ab welchem Zeitpunkt die **Zahlungspflicht beginnt**.

168 Wie dargelegt, ist grundsätzlich zwischen schuldrechtlichem und **dinglichem Erbbaurecht** zu unterscheiden. Als Belastung des Erbbaurechts ent-

steht der dingliche Erbbauzins gem. § 873 BGB erst mit der dinglichen Einigung und der **Eintragung im Erbbaugrundbuch**. Der Beginn dieses dinglichen Erbbauzinses kann somit nicht vor Eintragung des Erbbaurechts im Grundbuch liegen (BGH, Rpfleger 1973, 355). Der hiervon zu unterscheidende schuldrechtliche Erbbauzins kann hingegen hinsichtlich seines Beginns frei vereinbart werden (BGH, DNotZ 1992, 364; v. Oefele/Winkler, Handbuch des Erbbaurechts, S. 289). Die schuldrechtliche Vorverlagerung des Beginns der Zahlungspflicht stellt dann bis zur Grundbucheintragung die alleinige Grundlage der Zahlungspflicht dar.

6. Anpassungsvereinbarungen (Wertsicherung)

a) Zweck

Anpassungsklauseln finden sich in den meisten Erbbaurechtsverträgen und haben den Zweck, den Erbbauzins den veränderten wirtschaftlichen Verhältnissen anzupassen (vgl. eingehend zu Wertsicherungsklauseln unten). Wegen der langen Dauer der Erbbaurechtsverträge dienen sie dem Interessenausgleich und der Anpassung an ein verändertes wirtschaftliches Umfeld, insbesondere bei Geldentwertung und Preissteigerungen. Wegen der langen Laufzeit von Erbbaurechtsverträgen ist eine solche Anpassung sachgerecht, wenn gravierenden Störungen im Verhältnis von Leistung und Gegenleistung entgegengewirkt werden soll (BT-Drs. 12/5992, S. 80). Letztendlich wird damit das Risiko einer Geldentwertung dem Nutzer aufgebürdet. 169

b) Zwangsvollstreckungsunterwerfung und Anpassung

Von der Frage der dinglichen oder lediglich schuldrechtlichen Erbbauzinsanpassung ist die Frage der **Zwangsvollstreckungsunterwerfung zu unterscheiden**. Die Unterwerfung unter die sofortige Zwangsvollstreckung mit Wirkung gegen den jeweiligen Erbbauberechtigten gem. §§ 794 Abs. 1 Nr. 5, 800 ZPO ist nicht möglich, da § 800 ZPO auf eine Reallast nicht anwendbar ist. Der Erbbauzins kann daher nur ohne dingliche Zwangsvollstreckungsunterwerfung eingetragen werden. Es ist aber zulässig, daß sich der Erbbauberechtigte persönlich wegen seiner Zahlungsverpflichtung der sofortigen Zwangsvollstreckung unterwirft und sich verpflichtet, bei einer Veräußerung des Erbbaurechts auch seinen Rechtsnachfolger zu einer solchen persönlichen Zwangsvollstreckung zu veranlassen. 170

Auch für die **Zwangsvollstreckungsunterwerfung gilt der Bestimmtheitsgrundsatz**. Nach § 794 Abs. 1 Nr. 5 ZPO kann sich der Erbbauberechtigte der sofortigen Zwangsvollstreckung nur wegen Zahlungsverpflichtungen zur Leistung bestimmter Geldbeträge unterwerfen. Nur wenn sich die spätere Erhöhung aus der Urkunde selbst ergeben würde, wäre eine 171

57

hinreichende Bestimmbarkeit der Zwangsvollstreckungsunterwerfung gegeben, so daß es für die spätere Erhöhung einer **erneuten Zwangsvollstreckungsunterwerfung** nicht bedarf.

172 In der Literatur ist umstritten, ob bei einer Gleitklausel, bei der sich die einzelnen Erhöhungsbeträge bestimmen lassen, eine Zwangsvollstreckungsunterwerfung dergestalt zulässig ist, daß der jeweilige Betrag **vollstreckbar gestaltet** ist. Eine **Indexierung** mit Anknüpfung an allgemein zugängliche Indices (z.B. statistisches Bundesamt) dürfte hinreichend bestimmt im Sinne des § 794 Abs. 1 Nr. 5 ZPO sein.

173 In der Praxis wird der **unsicheren Rechtslage** sicherheitshalber anders Rechnung getragen: Es sind daher in der Regel im Erbbaurechtsvertrag auch Klauseln enthalten, nach denen sich der Erbbauberechtigte bereits im Erbbaurechtsvertrag zur Zwangsvollstreckungsunterwerfung im Hinblick auf den geänderten Erbbauzins verpflichtet. Diese Klauseln werden auch gekoppelt mit sog. **Weitergabeklauseln**, die auch einen etwaigen Erwerber des Erbbaurechts verpflichten. An diesem Grundsatz der Bestimmbarkeit der Zwangsvollstreckungsunterwerfung hat § 9 Abs. 2 ErbbauVO – unabhängig, welcher Auslegung man folgt – wohl nichts geändert, so daß eine entsprechende Klausel auch dann in den Erbbaurechtsvertrag aufzunehmen sein sollte, wenn man der Meinung folgt, daß nach § 9 Abs. 2 ErbbauVO nunmehr eine automatische Erbbauzinsanpassung bei Verlangen eintritt. Folgende Formulierungen finden sich etwa in Erbbaurechtsverträgen (vgl. Winkler, a.a.O.):

Formulierungsvorschlag:

„(1) Der Erbbauberechtigte unterwirft sich wegen aller in der Urkunde eingegangenen Zahlungsverpflichtungen zur Leistung bestimmter Geldbeträge (mehrere als Gesamtschuldner) der sofortigen Zwangsvollstreckung aus der Urkunde in sein gesamtes Vermögen.

(2) Im Fall der Erhöhung des Erbbauzinses durch Neufestsetzung gem. Ziff. ... dieser Urkunde ist der Erbbauberechtigte verpflichtet, sich auf Verlangen des Grundstückseigentümers auch wegen des Erhöhungsbetrages in einer notariellen Urkunde der sofortigen Zwangsvollstreckung zu unterwerfen.

(3) Vollstreckbare Ausfertigung ist auf Antrag ohne Fälligkeitsnachweis dem Eigentümer zu erteilen."

c) Die Anpassung des Erbbauzinses

Eine Anpassungsklausel hinsichtlich des Erbbauzinses setzt sich aus **drei Elementen** zusammen (vgl. v. Oefele/Winkler, Handbuch des Erbbaurechts, S. 293 ff., MünchKomm/v. Oefele, BGB, § 9 ErbbauVO, Rn. 35): 174

- die **Anpassungsvoraussetzungen**: d.h. der Zeitpunkt oder die Voraussetzungen die zur Anpassung führen.

- der **Bewertungsmaßstab**, d.h. der Maßstab, der für die Änderung maßgebend ist (z.B. Lebenshaltungskostenindex, Beamtengehalt etc.).

- der **Anpassungszeitpunkt**, d.h. der Zeitpunkt zu dem die Erhöhung eintritt.

Beim Erbbaurechtsvertrag wird bei der Ausgestaltung der Anpassungsklausel zunächst dahingehend unterschieden, ob es sich um eine **abstrakte Anpassungsklausel** oder lediglich um eine **konkrete Anpassungsklausel** handelt (vgl. v. Oefele/Winkler, Handbuch des Erbbaurechts, S. 287; Ingenstau, Erbbaurecht, § 9 ErbbauVO, Rn. 33 ff.). 175

Bei einer sog. **abstrakten Anpassungsklausel** wird nur allgemein vereinbart, daß bei Änderungen bestimmter Verhältnisse der Erbbauberechtigte verpflichtet sein soll, einer neuen Bemessung des Erbbauzinses zuzustimmen und dabei mitzuwirken, ohne daß der Bewertungsmaßstab angegeben wird. Die Problematik dieser Klausel ist, daß dann im Wege der Auslegung festgestellt werden muß, wann diese allgemeine Umschreibung gegeben ist. Im Erbbaurechtsvertrag sind sie daher weniger empfehlenswert. 176

Regelmäßig enthalten Erbbaurechtsverträge sogenannte **konkrete Anpassungsklauseln**, die konkrete Angaben über die oben genannten **drei Faktoren** einer Anpassung enthalten. 177

Mit der Euroeinführung wurde § 3 WährG aufgehoben und durch eine neue Genehmigungspflicht in § 2 Preisangaben- und Preisklauselgesetz ersetzt (vgl. BGBl. 1998, I 1242). Das Gesetz wird ergänzt durch die Preisklauselverordnung v. 23. September 1998, das im wesentlichen die damaligen Genehmigungsgrundsätze der Deutschen Bundesbank als Rechtsverordnung vorschreibt und dabei auch die verschiedenen Arten der Klauseln definiert (vgl. BGBl. 1998, I 3043).

In der Literatur und jetzt auch in der PrKVO (vgl. unten Rn. 180 ff.) werden verschiedene Arten von Anpassungsklauseln unterschieden (Hartmann, NJW 1976, 403 ff., v. Oefele/Winkler, Handbuch des Erbbaurechts, S. 293 ff.; Ingenstau, Erbbaurecht, § 9, Rn. 36): 178

- Gleitklauseln, die genehmigungspflichtig sind;
- Spannungsklauseln;
- Leistungsvorbehaltsklauseln.

179 Um eine **Gleitklausel** handelt es sich, wenn die Klausel bei der Veränderung des Erbbauzinses keinen Ermessensspielraum übrigläßt. Dies ist insbesondere der Fall, wenn die Beziehungsgröße die Veränderung des Erbbauzinses genau ablesen läßt (z.B. Lebenshaltungskostenindex, Beamtengehalt etc.).

180 Zu beachten ist allerdings, daß der Gesetzgeber in § 1 Nr. 4 PrKVO Klauseln in Erbbaurechtsbestellungsverträgen und Erbbauzinsreallasten als genehmigungsfrei bestimmt hat, wenn eine Laufzeit von mindestens 30 Jahren vorliegt. Insofern sind grds. die Wertsicherungsklauseln in einem Erbbaurechtsvertrag, die in der Regel länger als 30 Jahre laufen, genehmigungsfrei.

181 Ein **genehmigungsfreier Leistungsvorbehalt** (§ 1 Nr. 1 PrKVO) liegt vor, wenn eine Änderung der Vergleichsgröße sich nur mittelbar auf den Erbbauzins auswirken soll und die Änderung der Vergleichsgröße nur die Voraussetzung für eine mögliche Änderung des geschuldeten Geldbetrages ist, aufgrund dessen eine Neufestsetzung dem Grunde nach, nicht aber einem festen Ausmaß nach, durch die Vertragspartner oder Dritte zu erfolgen hat (BGH, BB 1968, 930; DNotZ 1969, 96; BGH, NJW 1979, 1545; v. Oefele/Winkler, Handbuch des Erbbaurechts, S. 299).

182 Entscheidend ist, daß den Beteiligten hinsichtlich der Anpassung ein, wenn auch geringer, **Ermessensspielraum** verbleibt. Eine solche Klausel liegt etwa vor, wenn die Veränderung des Indexes, die Voraussetzung ist, daß der Erbbauzins angemessen geändert werden soll (BGH, DNotZ 1969, 96; OLG Düsseldorf, DNotZ 1976, 539) oder eine Anpassung an die wirtschaftlichen Verhältnisse (BGH, DNotZ 1979, 19) erfolgen soll.

Formulierungsvorschlag:

„Verändert sich das Endgehalt eines verheirateten Beamten der Besoldungsstufe A 13 gegenüber dem Gehalt zum Zeitpunkt der Bestellung des Erbbaurechts, so ist, erstmals nach Ablauf von zehn Jahren seit der Bestellung des Erbbaurechts, die Höhe der monatlichen Erbbauzinsraten in angemessener Höhe neu festzusetzen. Die Neufestsetzung soll der Änderung des Gehaltes entsprechen."

Spannungsklauseln (§ 1 Nr. 2 PrKVO) sind Vereinbarungen, nach denen 183
sich der für ein bestimmtes Gut oder eine bestimmte Leistung geschuldete
DM-Betrag in demselben Verhältnis ändern soll wie der Preis oder Wert
gleichartiger oder vergleichbarer Güter oder Leistungen (BGHZ 14, 306;
BGH, BB 1970, 638; v. Oefele/Winkler, Handbuch des Erbbaurechts, S. 298;
Schöner/Stöber, Grundbuchrecht, S. 1155). Entscheidend ist also die Abhängigkeit der geschuldeten Geldleistung von dem Preis oder dem Wert von
Gütern, die mit der Gegenleistung, für die die Geldschuld zu entrichten ist,
gleichartig oder zumindest vergleichbar ist (BGH, NJW 1974, 273; BGH,
NJW 1976, 422; BGH, NJW 1979, 1888; BGH, NJW-RR 1986, 877). Für
den Bereich des Erbbaurechts könnten als Vergleichsmaßstab die jeweils erzielten Miet- oder Pachtzinsen herangezogen werden (BGH, NJW 1976,
422), oder beim Erbbaurecht für Gewerberäume der Mietzins bestimmter
gewerblich genutzter Gebäude gleicher Art und Lage (BGH, NJW 1983,
1909). Keine Spannungsklausel ist die Anpassung des Erbbauzinses an den
Grundstücksverkehrswert (BGH, NJW 1979, 1545). Am häufigsten sind im
Erbbaurechtsvertrag allerdings doch Gleitklauseln, da sie den Auslegungsspielraum und damit auch die Rechtsunsicherheit am meisten beschränken.

d) § 9a ErbbauVO

§ 9 a ErbbauVO gilt nur für eine zu Wohnzwecken dienenden Nutzung. Für 184
Wohnzwecke dienen Bauwerke, die unmittelbar bewohnt werden und solche, die im Zusammenhang mit einer Wohnanlage stehen, also auch Garagen und sonstige Zusatzbauten (vgl. Staudinger/Ring, BGB, § 9 a ErbbauVO, Rn. 1). Ein Bauwerk ist nicht zu Wohnzwecken bestimmt, wenn es nur
zum kurzfristigen Wohngebrauch bestimmt ist. Gleichgültig ist, ob das Gebäude vom Erbbauberechtigten selbst oder von Mietern bewohnt wird
(BGH, NJW 1979, 1546; NJW 1980, 181). Bei einer **gemischten Verwendung** ist die Anpassungsklausel nur für den zu Wohnzwecken genutzten
Teilbetrag des Erbbauzinses nach dieser Vorschrift zu bestimmen (vgl. v. Oefele/Winkler, Handbuch des Erbbaurechts, S. 321 ff.; Ingenstau, Erbbaurecht, § 9 a, Rn. 41).

Nach § 9 a Abs. 1 ErbbauVO ist ein Erhöhungsanspruch regelmäßig als un- 185
billig anzusehen, wenn und soweit die nach der vereinbarten Bemessungsgrundlage zu errechnende Erhöhung über die seit Vertragsabschluß eingetretene Änderung der allgemeinen wirtschaftlichen Verhältnisse hinausgeht.

Der BGH hat bei der Auslegung des Begriffs der Änderung der allgemei- 186
nen wirtschaftlichen Verhältnisse (§ 9 a Abs. 1 Satz 2 ErbbauVO) in ständiger Rechtsprechung entschieden, daß entsprechend der sozialen Zielsetzung an die Daten anzuknüpfen ist, die am besten die allgemeine Wirt-

schaftslage des Durchschnitts der Bevölkerung widerspiegeln. Danach kommt es daher auf den **Mittelwert der Veränderung des Lebenshaltungskostenindexes** einerseits und der Änderung des **durchschnittlichen Bruttoeinkommens der Industriearbeiter und Angestellten** in Industrie und Handel andererseits an (BGH, NJW 1981, 2567; BGH, NJW 1982, 2382; BGH, NJW 1982, 2252; BGH, NJW-RR 1988, 777). Die hieraus abzuleitende Formel lautet demnach wie folgt (vgl. Erman/Hagen, BGB, § 9 a ErbbauVO, Rn. 6; Staudinger/Ring, BGB, § 9 a ErbbauVO, Rn. 7; Münch Komm/v. Oefele, BGB, § 9 a ErbbauVO, Rn. 9):

(Änderung der Lebenshaltungskosten + Änderung der Einkommen) : 2
= **Änderungsprozentsatz**

Änderung der Einkommen =
Änderung der Arbeiterlöhne + Änderung der Angestellteneinkommen : 2

187   Die Lebenshaltungskosten werden hierbei nach einem 4-Personen-Arbeitnehmerhaushalt mittlerem Einkommens bestimmt. Die Einkommensverhältnisse sind nach einem Mittelwert der Bruttoeinkünfte der Industriearbeiter sowie der Angestellten in Industrie und Handel zu bestimmen, dabei sind die für die Gesamtbevölkerung der Bundesrepublik Deutschland maßgebenden Zahlen heranzuziehen, ohne Berücksichtigung regional unterschiedlicher Entwicklungen und ohne Beschränkung auf männliche Arbeitnehmer. Maßgebende Werte für den Abschluß der Entwicklung sind die Monatsindizes, die vor der Stellung des Veränderungsverlangens zuletzt veröffentlicht worden sind (BGHZ 87, 198 ff.). Die Daten können jeweils den **Veröffentlichungen des Statistischen Bundesamtes** entnommen werden.

e)   **Genehmigung nach Preisangabengesetz**

188   Wertsicherungsklauseln bedurften nach § 3 WährG bis 1. 1. 1999 der **Genehmigung der Bundesbank**. Diese Vorschrift bestimmte, daß Geldschulden nur mit Genehmigung der für die Erteilung von Devisengenehmigungen zuständigen Stellen durch den Preis oder eine Menge Feingold oder von anderen Gütern oder Leistungen bestimmt werden durften (vgl. allg. Limmer, ZNotP 1999, 148).

189   Das **Euroeinführungsgesetz** (BGBl. 1998 I, 1242, 1253) hat mit Wirkung ab 1. 1. 1999 § 3 WährG aufgehoben. Im Gesetzgebungsverfahren war umstritten, ob damit Wertsicherungsklauseln unbegrenzt zulässig sind oder ob es rechtspolitisch sinnvoll ist, weiterhin Beschränkungen ähnlich dem bisherigen Rechtszustand vorzusehen. Es wurde insbesondere geltend gemacht, daß diesen Vorschriften nicht nur ein geldwertstabilisierendes Element, sondern auch ein Verbraucherschutzaspekt zu eigen ist. Der Gesetzgeber hat daher eine ähnliche Rechtslage wie bisher auf der Grundlage von § 3 WährG

und den Bundesbankgrundsätzen geschaffen, indem er nun in § 2 des Preisangaben- und Preisklauselgesetzes folgende Regelung aufnahm (BGBl. I 1998, 1253):

„(1) Der Betrag von Geldschulden darf nicht unmittelbar und selbsttätig durch den Preis oder Wert von anderen Gütern oder Leistungen bestimmt werden, die mit den vereinbarten Gütern oder Leistungen nicht vergleichbar sind. Das Bundesministerium für Wirtschaft darf auf Antrag Ausnahmen genehmigen, wenn Zahlungen langfristig zu erbringen sind oder besondere Gründe des Wettbewerbs eine Wertsicherung rechtfertigen und die Preisklauseln nicht eine der Vertragsparteien unangemessen benachteiligt. Der Geld- und Kapitalverkehr, einschließlich der Finanzinstrumente i.S.v. § 1 Abs. 11 Kreditwesengesetz sowie die hierauf bezogenen Pensions- und Darlehensgeschäfte, bleibt vom Indexierungsverbot ausgenommen. Desgleichen bleiben Verträge von gebietsansässigen Kaufleuten mit gebietsfremdem Indexierungsverbot ausgenommen.

(2) Die Bundesregierung wird ermächtigt, durch Rechtsverordnung ohne Zustimmung des Bundesrates

1. die Voraussetzungen näher zu bestimmen, unter denen Ausnahmen vom Preisklauselverbot nach Abs. 1 S. 2 einzeln oder allgemein genehmigt werden können oder solche Ausnahmen festzulegen,

2. die Ausnahmen nach § 1 S. 3 und 4 für bestimmte Arten von Rechtsgeschäften aus Gründen des Verbraucherschutzes zu begrenzen und

3. statt des Bundesministeriums für Wirtschaft eine andere Bundesbehörde zu bestimmen, die für die Erteilung dieser Genehmigung zuständig ist."

Die Bundesregierung hat mit der Preisklauselverordnung vom 23. 9. 1998 (BGBl. I, 3043) diese Ermächtigung ausgefüllt (vgl. eingehend unten). Nach § 12 ff. PrKVO sind Klauseln im Erbbaurechtsbestellungsvorliegen und Erbbauzinsreallasten mit einer Laufzeit von **mindestens 30 Jahren genehmigungsfrei**.

7. Die dingliche Sicherung des Erbbauzinses

Bei der dinglichen Sicherung des Erbbaurechtes hat das Sachenrechtsänderungsgesetz ebenfalls eine bedeutende Neuregelung geschaffen, die eine jahrelange Problematik in der Vertragsgestaltung löst. Zum besseren Verständnis soll nachfolgend zunächst die frühere Rechtslage, wie sie unter der ErbbauVO vor der Neuregelung durch das Sachenrechtsänderungsgesetz bestanden hatte, dargestellt werden.

a) Die Rechtslage vor dem SachRBerG

192 Die Regelungen des für die Bestellung des Erbbaurechts zu zahlenden Entgelts gehören nach der ErbbauVO nicht zum vertragsmäßigen Inhalt des Erbbaurechts. Er kann auch nicht als Inhalt des Erbbaurechts i.S.d. § 2 ErbbauVO vereinbart werden. § 9 Abs. 1 Satz 1 ErbbauVO bestimmt allerdings, daß auf den Erbbauzins die Vorschriften des BGB über die Reallasten entsprechend Anwendung finden, wenn die Beteiligten eine dingliche Sicherung vornehmen. Der Erbbauzins wird dann als Reallast zugunsten des Grundstückseigentümers im Erbbaugrundbuch eingetragen (§ 9 ErbbauVO i.V.m. § 1105 BGB). Der Erbbauzins ist also dann eine dingliche Belastung des Erbbaurechts und konkurriert auch mit anderen dinglichen Belastungen hinsichtlich seines Ranges. Um die Reallast zur Entstehung zu bringen, muß die Eintragung im Erbbaugrundbuch erfolgen. Die Eintragung erfolgt in Abteilung II des Erbbaugrundbuches. Die ErbbauVO schreibt allerdings **keine bestimmte Rangstelle** für den Erbbauzins vor. Die Rangvereinbarung unterliegt daher der Verhandlung der Beteiligten. Der Erbbauzins kann daher auch hinter die übrigen Belastungen, z.B. Hypotheken oder Grundschulden zurücktreten (vgl. v. Oefele/Winkler, Handbuch des Erbbaurechts, S. 289 f.). In der Praxis entstand daher bei der Bestellung eines Erbbaurechts die Frage, wer den ersten Rang erhält: Der Finanzierungsgrundpfandrechtsgläubiger oder der Grundstückseigentümer mit dem Erbbauzins. Für beide Beteiligte kann der zweite Rang in der Zwangsversteigerung erhebliche Probleme mit sich bringen.

193 Betreibt etwa ein erstrangiger erbbauzinsberechtigter Eigentümer die Zwangsversteigerung, so fällt der Erbbauzins unter § 10 Abs. 1 Nr. 5 ZVG und erlischt genauso wie die nachrangigen Grundpfandrechte (§ 52 Abs. 1 Satz 2 ZVG). Der Erbbauzins wird nach § 92 ZVG kapitalisiert und es besteht die Gefahr, daß hierdurch der zur Verteilung stehende Erlös verbraucht wird und der Grundpfandrechtsgläubiger leer ausgeht (vgl. v. Oefele/Winkler, Handbuch des Erbbaurechts, S. 346 f.).

194 In der Praxis waren daher die Banken meist nur bereit, **Finanzierungsgrundpfandrechte** erstrangig eintragen zu lassen, d.h. der Erbbauzins mußte also im Rang hinter das erstrangige Grundpfandrecht zurücktreten. Zwar war die Beleihung zur ersten Rangstelle für einen solchen Kredit nach § 11 des Hypothekenbankgesetzes nicht mehr gesetzlich vorgeschrieben, in der Praxis wurde jedoch von der Kreditwirtschaft aus den genannten Gründen auf den Vorrang des Grundpfandrechtes vor der Erbbauzinsreallast bestanden, da Deckungshypotheken nicht durch vorrangige Lasten gefährdet sein dürfen (vgl. Fleischmann/Bellinger/Kerl, Hypothekenbankgesetz, § 11, Anm. 2).

Ein solcher Rangrücktritt hinter ein Grundpfandrecht hatte umgekehrt für den Grundstückseigentümer bezüglich seines Erbbauzinses erhebliche Risiken. Geht der Erbbauzins den Rechten des betreibenden Gläubigers nach, so fällt er nicht in das geringste Gebot und erlischt nach § 91 Abs. 1 ZVG. Der Erwerber in der Zwangsversteigerung erwirbt dann das Erbbaurecht lastenfrei. Es entsteht also ein **Erbbaurecht ohne Erbbauzins**. Eine Pflicht zur Erbbauzinszahlung trifft den Erwerber in der Zwangsversteigerung auch nicht, da der Erbbauzins nicht zu den nach § 2 ErbbauVO gegenüber dem Sonderrechtsnachfolger wirkenden Rechtsinhalt des Erbbaurechts gehört (so BGH, NJW 1982, 234; OLG Nürnberg, MDR 1980, 401; OLG Hamburg, MDR 1975, 853; v. Oefele/Winkler, Handbuch des Erbbaurechts, S. 346 f.; Ingenstau, Erbbaurecht, § 9 Rn. 86; Winkler, NJW 1985, 940, Groth, DNotZ 1983, 652). Im Urteil des BGH vom 25. 9. 1981 führte dies dazu, daß ein auf 99 Jahre bestelltes Erbbaurecht bereits nach vier Jahren erbbauzinslos wurde, so daß der Eigentümer die restlichen 95 Jahre keinen Erbbauzins mehr erhielt (BGH, NJW 1982, 234). 195

In der Literatur wurde insbesondere von Winkler (DNotZ 1970, 390 ff., zustimmend Hartmann, DB 1970, 1873) die Auffassung vertreten, daß eine Gesetzeslücke entstanden sei, die durch analoge Anwendung des § 52 Abs. 2 ZVG zu schließen sei. Der BGH hat diesen Vorschlag jedoch abgelehnt (BGH, NJW 1982, 234). 196

In der Praxis wurde daher versucht, die Problematik des erbbauzinslosen Grundpfandrechts durch eine Vereinbarung mit dem Grundpfandrechtsgläubiger zu lösen. In einer sogenannten **Stillhalteerklärung** verpflichtet sich der vorrangige Grundpfandrechtsgläubiger, im Fall der Zwangsversteigerung des Erbbaurechts darin einzuwilligen, daß der Erbbauzins nicht kapitalisiert, sondern sein Fortbestand nach § 59 ZVG vereinbart wird. Hierdurch soll der Erbbauzins, so wie er im Grundbuch eingetragen ist, bestehen bleiben und vom Ersteher während der weiteren Laufzeit geschuldet sein (vgl. v. Oefele/Winkler, Handbuch des Erbbaurechts, S. 346 ff.; Bertolini, MittBayNot 1983, 112; Götz, DNotZ 1980, 3, 28; Winkler, NJW 1985, 940; vgl. auch das Muster bei Winkler, in: Münchener Vertragshandbuch, Bd. 4, 2. Halbb., Form. VIII, XX und XXI). 197

b) Die Neuregelung durch das Sachenrechtsänderungsgesetz
aa) Neufassung von § 52 Abs. 2 ZVG

Der Gesetzgeber hat letztendlich die von Winkler vorgeschlagene Analogie zu § 52 Abs. 2 ZVG aufgegriffen und folgende Neuregelung eingefügt (Art. 2 § 2 SachRÄndG): 198

„Satz 1 (des § 52 Abs. 2 ZVG) ist entsprechend auf den Erbbauzins anzuwenden, wenn nach § 9 Abs. 3 der Verordnung über das Erbbaurecht

VII. Der Erbbauzins

das Bestehenbleiben des Erbbauzinses als Inhalt der Reallast vereinbart worden ist."

199 Damit ist gesetzlich klargestellt, daß der **Erbbauzins** unter den genannten Voraussetzungen in der **Zwangsversteigerung auch dann bestehen** bleibt, wenn er bei der Feststellung des geringsten Gebotes nicht berücksichtigt ist. Damit bleibt nach der Neuregelung auch bei einer Zwangsversteigerung aus einem vorrangigen Grundpfandrecht der Erbbauzins bestehen und geht „auf den Ersteher über", d.h. der Ersteher wird Eigentümer des unverändert mit dem Erbbauzins belasteten Erbbaurechts.

bb) Die Neuregelung in § 9 Abs. 3 ErbbauVO

200 Korrespondierend zu § 52 Abs. 2 Satz 2 ZVG n.F. wird in Art. 2 § 1 d SachRÄndG auch § 9 ErbbauVO um einen Absatz ergänzt:

„(3) Als Inhalt des Erbbauzinses kann vereinbart werden, daß

1. die Reallast abweichend von § 52 Abs. 1 ZVG mit ihrem Hauptanspruch bestehen bleibt, wenn der Grundstückseigentümer aus der Reallast oder der Inhaber eines im Range vorgehenden oder gleichstehenden dinglichen Rechts die Zwangsversteigerung des Erbbaurechts betreibt und

2. der jeweilige Erbbauberechtigte dem jeweiligen Inhaber der Reallast gegenüber berechtigt ist, das Erbbaurecht in einem bestimmten Umfang mit einer der Reallast im Rang vorgehenden Grundschuld, Hypothek oder Rentenschuld im Erbbaugrundbuch zu belasten.

Ist das Erbbaurecht mit dinglichen Rechten belastet, ist für die Wirksamkeit der Vereinbarung die Zustimmung der Inhaber der der Erbbauzinsreallast im Rang vorgehenden oder gleichstehenden dinglichen Rechte erforderlich."

201 Die vorliegende Regelung wurde erst auf Bitte des Bundesrates (BT-Drs. 12/5992, S. 192) mit Zustimmung der Bundesregierung (BT-Drs. 12/5992, S. 212 ff.) und Ergänzung des Rechtsausschusses (BT-Drs. 12/7425, S. 84 f.) in das Gesetz aufgenommen.

202 Insbesondere die vom Rechtsausschuß neu vorgeschlagene Regelung in Nr. 2 hat folgenden Zweck (vgl. BT-Drs. 12/7425, S. 85): Die Erbbauzinsreallast bleibt, wenn die Vereinbarung nach § 9 Abs. 3 ErbbauVO getroffen wurde, mit ihrem Hauptanspruch in der Zwangsversteigerung des Erbbaurechts bestehen, auch wenn die Versteigerung aus einem vorrangigen Recht betrieben wird und die Reallast nicht ins geringste Gebot aufzunehmen ist (vgl. Stöber, Rpfleger 1996, 136). Diese Regelung hätte jedoch zur Folge, daß das vorrangige Grundpfandrecht mit dem Zuschlag erlöschen und die Reallast im Rang aufrücken würde. Hierdurch würde dem Ersteher der Raum für eine

erstrangige Finanzierung verloren gehen, was die Beleihbarkeit des Erbbaurechts einschränken kann. Der Grundstückseigentümer würde durch die Zwangsversteigerung eine bessere Rechtsposition erhalten, als er sie vor dem Versteigerungsverfahren hatte. Einer solchen erstrangigen Absicherung des Erbbauzinses bedarf der Grundstückseigentümer nicht mehr, da die Reallast auch in einer erneuten Zwangsversteigerung des Erbbaurechts bestehen bliebe. Um die vorstehenden nachteiligen Wirkungen zu verhindern, soll auch ein Rangvorbehalt zugunsten des jeweiligen Erbbauberechtigten begründet werden. Hierdurch wird erreicht, daß einem Ersteher des Erbbaurechts die Möglichkeit zu einer erstrangigen Belastung des Erbbaurechts erhalten bleibt.

Die Vereinbarung nach § 9 Abs. 3 Satz 1 Nr. 2 ErbbauVO ist formal Inhalt des Erbbauzinses, materiell-rechtlich aber ein Rangvorbehalt und auch wie ein solcher zu behandeln (vgl. eingehend Weber, Rpfleger 1998, 5 ff.; Haegele/Schöner/Stöber, Grundbuchrecht, Rn. 1806 b). Es gilt daher § 881 BGB. Das vorbehaltene Grundpfandrecht muß nach Umfang und Inhalt (Kapital, Zinsen und Nebenleistungen), nicht aber hinsichtlich des Berechtigten bestimmt sein (vgl. Palandt/Bassenge, BGB, § 881 BGB, Rn. 2). 203

Für die Zinsen und die fortlaufenden anderen Nebenleistungen ist der Anfangszeitpunkt anzugeben (BGH, DNotZ 1996, 84), es kann etwa bestimmt werden, daß der Anfangszeitpunkt für die Verzinsung und der Bezugszeitraum für die Nebenleistungen der Tag sein soll, an dem das vorbehaltene Grundpfandrecht in das Grundbuch eingetragen wird. Neben Verzinsung und wiederkehrenden Nebenleistungen muß darüber hinaus auch der Berechnungszeitraum (jährlich, monatlich) angegeben werden (vgl. Schöner/Stöber, Grundbuchrecht, Rn. 2136). 204

Formulierungsvorschlag:

„als Inhalt des dinglichen Erbbauzinses wird vereinbart, daß

1. die Reallast abweichend von § 52 Abs. 1 ZVG mit ihrem Hauptanspruch bestehen bleibt, wenn der Grundstückseigentümer aus der Reallast oder der Inhaber eines im Range vorgehenden oder gleichstehenden dinglichen Rechts die Zwangsversteigerung betreibt;

2. der jeweilige Erbbauberechtigte dem jeweiligen Inhaber der Reallast gegenüber berechtigt ist, das Erbbaurecht mit einer oder mehrere der Reallast im Rang vorgehenden Grundschuld(en) oder Hypothek(en) für beliebige Gläubiger bis zur Höhe von insgesamt 200.000,— DM nebst Zinsen und sonstigen Nebenleistungen von zusammen bis 20 % jeweils jährlich ab Eintragung des vorbehaltenen Rechts im Erbbaugrundbuch eintragen zu lassen."

cc) Eintragung einer Reallast

205 Wie oben dargelegt, ist es nach dem Grundsatz der Vertragsfreiheit grundsätzlich zulässig, daß die Gegenleistung im Erbbaurechtsvertrag lediglich schuldrechtlich geschuldet wird. Hier handelt es sich dann um den sog. **schuldrechtlichen Erbbauzins**. Daneben können die Beteiligten aber auch immer den Erbbauzins dinglich durch eine Reallast sichern.

206 Grundsätzlich sind auf die Erbbauzinsreallast die Bestimmungen über die Reallast in den §§ 1105 ff. BGB entsprechend anzuwenden, soweit § 9 ErbbauVO keine Sonderregelungen trifft. Insbesondere § 1107 BGB bestimmt, daß für die einzelnen Leistungen aus der Reallast die für Zinsen einer Hypothekenforderung geltenden Vorschriften entsprechend Anwendung finden.

207 Die Erbbauzinsreallast wird begründet nach § 873 BGB durch **Einigung** und **Eintragung** im **Grundbuch**. Bei der Erbbauzinsreallast handelt es sich mithin um eine dingliche Belastung des Erbbaurechts. Sie muß daher, um zur Entstehung zu gelangen, im Erbbaugrundbuch eingetragen werden. Die Erbbauzinsreallast ist ein subjektiv dingliches Recht, daß nur zugunsten des jeweiligen Grundstückseigentümers bestellt und im Grundbuch eingetragen werden kann (§ 1105 Abs. 2 BGB). Die Einigung ist zwar als solche materiell formlos wirksam, bedarf allerdings gemäß §§ 19, 29 GBO der öffentlich beglaubigten Form. In der Regel wird die Erbbauzinsreallast bereits im Erbbaurechtsvertrag bestellt, so daß nach § 11 Abs. 2 ErbbauVO i.V.m. § 313 BGB eine notarielle Beurkundung notwendig ist.

208 Die Eintragung erfolgt in Abteilung II des Erbbaugrundbuches. Eingetragen wird nur die Vereinbarung eines Erbbauzinses als solche, wegen der näheren Einzelheiten wird in der Regel auf § 873 BGB und auf die Eintragungsbewilligung bezug genommen.

209 **Berechtigter** aus der Reallast kann immer nur der **jeweilige Eigentümer** des mit dem Erbbaurechts belasteten Grundstücks sein, nicht etwa eine andere Person (vgl. Staudinger/Ring, BGB, § 9 ErbbauVO, Rn. 45; Ingenstau, Erbbaurecht, § 9, Rn. 7; OLG Düsseldorf, DNotZ 1977, 305; BayObLG, MittRhNotK, 1990, 276).

dd) Der Rang der Erbbauzinsreallast

210 Die ErbbauVO enthält keine Vorschrift darüber, welchen Rang die Erbbauzinsreallast einzunehmen hat. Dies unterliegt der freien Vereinbarung der Beteiligten, wobei insbesondere die oben geschilderten **Interessensgegensätze** zwischen vorrangigen Grundpfandrechtsgläubigern und dem Grundstückseigentümer in der Regel zu schwierigen Verhandlungen führen.

VIII. Dauer des Erbbaurechtes
1. Erlöschen durch Aufhebung

Das Erbbaurecht kann zum einen durch Aufhebung gem. § 11 Abs. 1 ErbbauVO i.V.m. § 875 BGB und **Löschung** im Grundstücksgrundbuch beendet werden. Nach § 876 BGB sind Zustimmungserklärungen derjenigen Personen erforderlich, die Rechte am Erbbaurecht haben, da die dinglichen Rechte am Erbbaurecht mit dieser Aufhebung erlöschen. Nach § 26 ErbbauVO ist außerdem die **Zustimmung des Grundstückseigentümers** erforderlich (Form des § 29 GBO). Dingliche Rechte am Erbbaurecht erlöschen mit dessen Aufhebung. Sie gehen nicht automatisch auf das Grundstück über, erforderlich wäre eine Neubestellung am Grundstück.

211

2. Erlöschen durch Zeitablauf

Die **Dauer des Erbbaurechts** ist in der ErbbauVO nicht geregelt, es gibt weder eine Mindest- noch eine Höchstdauer, so daß auch ein völlig unbefristetes Erbbaurecht nach herrschender Meinung zulässig ist (vgl. Winkler, NJW 1992, 2516, Ingenstau, Erbbaurecht, § 1, Rn. 111; v. Oefele/Winkler, Handbuch des Erbbaurechts, S. 67 ff.). In der Praxis sind diese ewigen Erbbaurechte selten. Die Festsetzung einer bestimmten Zeitgrenze ist zulässig und in der Praxis üblich, um den Grundstückseigentümer zur Einräumung des Rechts mit der Aussicht zu bestimmen, das Grundstück nach einer bestimmten Zeit wieder zur freien Verfügung zurückzuerhalten und das Bauwerk nach Beendigung des Rechts zu erwerben (§ 27 ErbbauVO). Für die Vereinbarung der Zeitdauer besteht **Vertragsfreiheit**, wobei die vereinbarte Frist allerdings bestimmt sein muß (BGH, NJW 1969, 2043). Wird die Zeitbestimmung getroffen, dann gehört sie zum gesetzlichen Inhalt des Erbbaurechts (vgl. Ingenstau, Erbbaurecht, § 1, Rn. 111). Die zeitliche Begrenzung erfolgt in der Regel auf 30 bis 100, in den meisten Fällen auf 99 Jahre (vgl. Winkler, NJW 1992, 2516; v. Oefele/Winkler, Handbuch des Erbbaurechts, S. 68 ff.).

212

Die Festsetzung der Dauer des Erbbaurechts erfolgt in der **Erbbaurechtsbestellungsurkunde**. Diese Vereinbarung gehört dann zum gesetzlichen Inhalt des Erbbaurechts. Die zeitliche Befristung bedarf der Einigung und der Eintragung im Grundbuch nach § 873 BGB. Sie wird daher auch im Grundbuch ausdrücklich ausgewiesen (vgl. § 56 Abs. 2 GBVfG; OLG Frankfurt, MittBayNot 1975, 93; Ingenstau, Erbbaurecht, § 1, Rn. 118). Die Vereinbarung der Frist muß dem **Bestimmtheitserfordernis** genügen, d.h. der Endzeitpunkt muß bestimmt, zumindest aber bestimmbar sein (vgl. v. Oefele/Winkler, Handbuch des Erbbaurechts, S. 68 ff.). Der Endtermin braucht damit nicht datumsmäßig festzuliegen, in der Praxis empfiehlt sich

213

allerdings eine datumsmäßige Festlegung. Bei der Zeitbestimmung insgesamt ist darauf zu achten, daß das Erbbaurecht mit dessen Eintragung im Grundbuch entsteht, so daß der **Anfangszeitpunkt** sich mit der Eintragung des Erbbaurechts im Grundbuch decken oder nachfolgen muß. Ein Anfangszeitpunkt, der vor Eintragung des Erbbaurechts liegt, wäre unzulässig (vgl. BGH, DNotZ 1974, 90; v. Oefele/Winkler, Handbuch des Erbbaurechts, S. 68 ff.). Schuldrechtlich können jedoch die Beteiligten die Bestellung schon vorher vereinbaren. Zulässig ist es allerdings, den Tag der Beurkundung des Erbbaurechts als **Ausgangszeitpunkt für die Bestimmung der Laufzeit** und damit der Dauer des Erbbaurechts zu vereinbaren (BayObLG, NJW-RR 1991, 718 = MittBayNot 1992, 45; LG Würzburg, Rpfleger 1975, 249; Promberger, Rpfleger 1975, 233; Haegele/Schöner/Stöber, Grundbuchrecht, Rn. 1680). Zulässig ist also eine Vereinbarung der Dauer des Erbbaurechts z.B. „auf die Dauer von 90 Jahren vom Tag der Beurkundung an". Es ist allerdings darauf zu achten, daß nicht auf den gleichen Zeitpunkt der Anfangszeitpunkt des Erbbaurechts gelegt wird. Die Dauer bei einem Eigenheim müßte demnach etwa wie folgt formuliert werden:

> *Formulierungsvorschlag:*
>
> *„Das Erbbaurecht beginnt mit der Eintragung im Grundbuch und endet nach 90 Jahren vom Tag der Beurkundung an, also am 31. Januar 2085 (wenn die Beurkundung am 31. 1. 1995 erfolgt)."*

214 Das Erbbaurecht erlischt mit dem Ablauf der Zeit für die es begründet worden ist. Ist dieser Zeitpunkt erreicht, so endet das Erbbaurecht, ohne daß es einer besonderen Willenserklärung bedarf (vgl. OLG Hamm, NJW 1974, 863). Die **Einzelfragen der Beendigung** werden von § 27 ErbbauVO geregelt.

3. Der gesetzliche Entschädigungsanspruch (§ 27 Abs. 1 ErbbauVO)

215 § 27 Abs. 1 ErbbauVO bestimmt, daß, wenn das Erbbaurecht durch Zeitablauf erlischt, der Grundstückseigentümer dem Erbbauberechtigten eine Entschädigung für das Bauwerk zu leisten hat. Als Inhalt des Erbbaurechts können auch Vereinbarungen über die Höhe der Entschädigung und die Art ihrer Zahlung getroffen werden. Die **Höhe der Entschädigung** richtet sich daher in erster Linie nach den Vereinbarungen unter den Beteiligten. Fehlen solche, entscheidet der Verkehrswert des Gebäudes bei Ablauf der Erbbaurechts.

Ist das Erbbaurecht zur Befriedigung des Wohnbedürfnisses minderbemittelter Bevölkerungskreise bestellt, so muß die Entschädigung mindestens 2/3 des gemeinen Werkes des Bauwerkes bei Ablauf des Erbbaurechts betragen (§ 27 Abs. 2 ErbbauVO). Die Vorschrift regelt zum einen die Fälle, daß der Erbbauberechtigte zu dem Bevölkerungskreis gehört und das Haus bewohnt. Die Vorschrift ist aber auch anwendbar bei Errichtung von **Mietwohnungen** für Minderbemittelte (KG, Rpfleger 1981, 108). 216

Der Grundstückseigentümer kann nach § 27 Abs. 3 ErbbauVO seine Verpflichtung zur Zahlung der Entschädigung dadurch abwenden, daß er für den Erbbauberechtigten das Erbbaurecht vor dessen Ablauf für die voraussichtliche Standdauer des Bauwerks verlängert. Lehnt der Erbbauberechtigte die Verlängerung ab, so erlischt der Anspruch auf Entschädigung. Das Angebot muß so rechtzeitig erfolgen, daß eine Verlängerung vor Ablauf des Erbbaurechts möglich ist (BGH, NJW 1981, 1045). Angebot und Annahme sind materiell-rechtlich formfrei zulässig; eine Verlängerung ist eine Inhaltsänderung i.S.d. § 877 BGB (BGH, NJW 1981, 1045). 217

Die Entschädigungsforderung haftet auf dem Grundstück anstelle des Erbbaurechts mit dessen Rang (§ 28 ErbbauVO). Die Entschädigungsforderung lastet also **kraft Gesetzes** als reallastähnliches dingliches Recht eigener Art am Erbbaugrundstück an der Rangstelle, die das Erbbaurecht hatte (streitig vgl. Schöner/Stöber, Grundbuchrecht, Rn. 1861; a.A. Soergel/Stürner, BGB, § 28 ErbbauVO, Rn. 1 : Entstehung einer Sicherungshypothek, die kraft Gesetzes außerhalb des Grundbuchs entsteht und im Wege der Grundbuchberichtigung eingetragen werden muß). 218

4. Untergang von Grundpfandrechten und Reallasten (§ 29 ErbbauVO)

Mit dem Erlöschen des Erbbaurechts wird das Bauwerk Eigentum des Grundstückseigentümers (§ 12 Abs. 3 ErbbauVO). Die dinglichen Rechte, die das Erbbaurecht belasten, gehen daher ebenfalls unter. § 29 ErbbauVO schützt daher die Hypothekar-, Grundschuld-, Renten- und Reallastschuldner dergestalt, daß diese Gläubiger an dem Entschädigungsanspruch nach § 27 Abs. 1 ErbbauVO dieselben Rechte erhalten. Es handelt sich um eine Art **Pfandrecht an der Entschädigungsforderung** (Schöner/Stöber, Grundbuchrecht, Rn. 1861). 219

IX. Besondere Fallgestaltungen
1. Untererbbaurecht

Untererbbaurecht

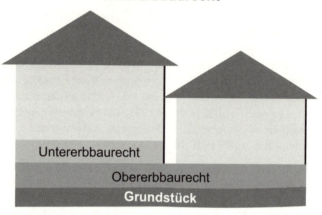

220 Das Untererbbaurecht ist dadurch gekennzeichnet, daß ein Erbbaurecht (Obererbbaurecht) mit einem anderen Erbbaurecht (Untererbbaurecht) belastet wird. Belastungsgegenstand ist also nicht ein Grundstück, sondern wiederum ein Erbbaurecht, das Obererbbaurecht. Nach mittlerweile herrschender Meinung ist das Untererbbaurecht zulässig (BGH, NJW 1974, 1137; OLG Celle, DNotZ 1972, 588; OLG Stuttgart, NJW 1975, 786; v. Oefele/Winkler, Handbuch des Erbbaurechts S. 86 ff.; ausführlich Habel, Mitt-BayNot 1998, 315). Auch der Gesetzgeber ist in § 6 a GBO wie selbstverständlich von der Möglichkeit eines Untererbbaurechts ausgegangen und hat in der Vorschrift nun das **gesamte Untererbbaurecht** geregelt. Das Untererbbaurecht wird durch einen Erbbaurechtsbestellungsvertrag zwischen dem Obererbbauberechtigten und dem Untererbbauberechtigten begründet. Da es sich hierbei um eine Belastung des Erbbaurechts handelt, wird es in Abt. II des Erbbaugrundbuches eingetragen und muß dort wie das Obererbbaurecht gem. § 10 ErbauVO erste Rangstelle haben. In der Regel ist in solchen Fällen daher die Mitwirkung des Grundstückseigentümers zur Erlangung der ersten Rangstelle erforderlich, da dieser mit seinen Rechten, in der Regel Erbbauzins und Vormerkung, einen Rangrücktritt hinter das Untererbbaurecht erklären muß.

221 In der Literatur wird zum Teil die Auffassung vertreten, daß es **zwingend notwendig** ist, daß die **Laufzeit des Obererbbaurechts länger ist als die**

des **Untererbbaurechts**, damit auch der Obererbbauberechtigte während der Laufzeit seines Rechts die Chance hat, ein Bauwerk zu besitzen (vgl. ausführlich Habel, MittBayNot 1998, 315, 316; vgl. auch MünchKomm/ v. Oefele, BGB, § 1 ErbbauVO, Rn. 34). Auch im übrigen bedarf die Bestellung eines Untererbbaurechts einer genauen Koordination der verschiedenen Pflichten aus den beiden Erbbaurechtsverträgen. Insbesondere zu klären ist, ob die Pflichten des Obererbbauberechtigten, z.b. zur Errichtung des Gebäudes, auch dadurch erfüllt werden können, daß der Untererbbauberechtigte ein Gebäude errichtet. Deshalb sollte der Obererbbauberechtigte von allen Verpflichtungen freigestellt werden, die typischerweise dem Erbbauberechtigten obliegen, wenn ein Untererbbaurecht bestellt wird. In der Literatur wird daher vorgeschlagen, daß im Obererbbaurecht zwar alle typischen Verpflichtungen mit dinglicher Wirkung aufzunehmen seien, jedoch eine schuldrechtliche Befreiung zu erteilen sei, solange und soweit ein Untererbbaurecht bestehe (vgl. Habel, MittBayNot 1998, 317).

Zu beachten ist, daß sich auch das Untererbbaurecht rechtlich auf das gesamte Erbbaurecht erstrecken muß, daß aber der Ausübungsbereich – wie beim Obererbbaurecht – auf eine Teilfläche des Obererbbaurechts beschränkt werden kann. Weiter ist zu berücksichtigen, daß der Obererbbauberechtigte dem Untererbbauberechtigten nur soviel an Rechten einräumen kann, als er selbst gegenüber dem Grundstückseigentümer besitzt (vgl. Habel, MittBayNot 1998, 319). 222

Problematisch ist in der Praxis die Tatsache, daß im Falle eines **Heimfalls** beim Obererbbaurecht auch das Untererbbaurecht erlischt, da es nicht zu den in § 33 ErbbauVO genannten bestehenbleibenden Rechten gehört (vgl. v. Oefele/Winkler, Handbuch des Erbbaurechts, S. 92). Zum Schutz des Untererbbauberechtigten hat das OLG Celle eine Vereinbarung zwischen Untererbbauberechtigten und Grundstückseigentümer vorgeschlagen, wonach sich dieser zur Wiederbestellung des Erbbaurechts nach dem Heimfall und zur Sicherung dazu durch Vormerkung verpflichtet. Es müßte also gleichsam ein **schuldrechtlicher Vertrag** mit dem Grundstückseigentümer geschlossen werden, in dem sich dieser verpflichtet, im Falle des Heimfalls des Oberebaurechts dem Untererbbauberechtigten ein **neues Erbbaurecht** – entsprechend dem Untererbbaurechtsvertrag – **einzuräumen**. Dieses Recht müßte dann durch **Vormerkung** gesichert werden, die im Grundstücksgrundbuch eingetragen werden müßte (vgl. v. Oefele/Winkler, Handbuch des Erbbaurechts, S. 92). Der Schutz der Gläubiger am Untererbbaurecht könnte dann durch Verpfändung der Wiedereinräumungsverpflichtung des Grundstückseigentümers und entsprechendem Vermerk bei der Vormerkung gesichert werden. 223

IX. Besondere Fallgestaltungen

224 Eine andere Lösung besteht darin, den **Heimfall zu vermeiden**, indem beim Obererbbaurecht dem Untererbbauberechtigten die Möglichkeit zur Zahlung des Erbbauzinses anstelle des Obererbbauberechtigten eingeräumt wird (vgl. Staudinger/Ring, BGB, § 11 ErbbauVO, Rn. 12).

2. Gesamterbbaurecht

225 Das Gesamterbbaurecht ist ein **einheitliches Erbbaurecht**, das sich auf **mehrere selbständige Grundstücke erstreckt**.

226 Die Bedeutung des Gesamterbbaurechts ergibt sich vor allem bei großflächigen Bebauungen, wenn **ein Gebäude** (z.B. Einkaufspark, große Wohnanlage) **auf mehreren Grundstücken gebaut** werden soll und verschiedene Grundstückseigentümer vorhanden sind, so daß eine Vereinigung der Grundstücke nicht möglich ist. In Literatur und Rechtsprechung ist auch die rechtsgeschäftliche Bestellung eines Gesamterbbaurechts anerkannt (BGH, NJW 1976, 519; BayObLG, DNotZ 2185, 375; BayObLG, MittBayNot 1996, 34; v. Oefele/Winkler, Handbuch des Erbbaurechts, S. 94). Auch hier hat der Gesetzgeber in **§ 6 a GBO** ausdrücklich das Gesamterbbaurecht anerkannt.

227 Das **Gesamterbbaurecht** kann **durch verschiedene Möglichkeiten entstehen**:

- Teilung des Erbbaugrundstückes
- Anfängliche Bestellung des Erbbaurechts auf mehreren Grundstücken

- Nachträgliche Erstreckung eines Erbbaurechts an einem Grundstück auf ein weiteres Grundstück durch Inhaltsänderung (vgl. BayObLG, DNotZ 1985, 375).

- Nachträgliche Vereinigung von Einzelerbbaurechten entsprechend § 890 BGB (streitig BayObLG, MittBayNot 1996, 34; Ingenstau, Erbbaurecht, § 11, Rn. 24; a.A. Staudinger/Ring, BGB, § 1 ErbbauVO, Rn. 22; Münch-Komm/v. Oefele, BGB, § 11 ErbbauVO, Rn. 33, der die Vereinigung nur bei gleichzeitiger Vereinigung der Grundstücke für erforderlich hält). Bei der Vereinigung bedarf der Erbbauberechtigte nicht der Zustimmung des Grundstückseigentümers. Die Vereinigung ist nur möglich, wenn die Rechte im wesentlichen gleichen Inhalt haben. Ferner ist zu fordern, daß die Laufzeit der Erbbaurechte einheitlich ist.

Grundbuchtechnisch sind allerdings die Möglichkeiten der Entstehung eines Gesamterbbaurechts durch § 6 a GBO eingeschränkt worden. Ein Gesamterbbaurecht darf vom Grundbuchamt danach nur eingetragen werden, wenn die betroffenen Grundstücke **im selben Grundbuchamts- und Katasteramtsbezirk liegen** und außerdem unmittelbar aneinander grenzen. Diese Beschränkung gilt auch für die nachträgliche Ausdehnung eines Erbbaurechts auf ein weiteres Grundstück (so Demharter, GBO, § 6 a, Rn. 3). Eine Ausnahme gilt jedoch dann, wenn die Grundstücke unmittelbar aneinander grenzen oder aber wenigstens doch sehr nahe beieinanderliegen, und außerdem das Erbbaurecht in ein Wohnungserbbaurecht aufgeteilt werden soll oder der Gegenstand des Erbbaurechts ein einheitliches Bauwerk betrifft. Dann brauchen die Grundstücke nicht im selben Bezirk des Grundbuch- und Katasteramts zu liegen. Bei der Ausnahme des § 6 a Abs. 1 Satz 2 GBO ist die Lage der Grundstücke zueinander durch die Vorlage einer von der Vermessungsbehörde beglaubigten Karte nachzuweisen. Ein Verstoß gegen die Vorschrift führt allerdings nicht zur Unwirksamkeit, da es sich hier nur um eine formelle Grundbuchverfahrensvorschrift handelt. 228

Von Bedeutung ist, daß es sich beim Gesamterbbaurecht um ein **einheitliches dingliches Erbbaurecht** handelt, so daß die dingliche Bestellung des Gesamterbbaurechts, d.h. die gesetzlichen und vertraglichen Elemente des Erbbaurechts, in einem einheitlichen Vertrag zwischen dem Erbbauberechtigten und allen Grundstückseigentümern abgeschlossen werden muß. Lediglich die schuldrechtlichen Verträge und auch die Vereinbarung über den Erbbauzins können mit jedem Grundstückseigentümer gesondert und auch unterschiedlich getroffen werden. 229

Bei der Bestellung des Gesamterbbaurechts ergibt sich daher ein Regelungsbedarf für das **Verhältnis der mitberechtigten Grundstückseigentümer** hinsichtlich der ihnen aus dem Erbbaurecht zustehenden Rechte, ins- 230

IX. Besondere Fallgestaltungen

besondere beim Heimfall oder einer Beendigung des Erbbaurechts, sowie hinsichtlich von Belastungen des Erbbaurechts, insbesondere durch den Erbbauzins oder durch ein Vorkaufsrecht am Erbbaurecht (vgl. v. Oefele/Winkler, Handbuch des Erbbaurechts, S. 93 ff.; Schöner/Stöber, Grundbuchrecht, Rn. 1695 ff.). Hinsichtlich des Erbbauzinses können aber entweder für jeden Grundstückseigentümer getrennte Erbbauzinsen vereinbart werden, die dann zweckmäßiger Weise am Gesamterbbaurecht Gleichrang erhalten sollen, oder es kann für alle Eigentümer ein einheitlicher Erbbauzins bestellt werden. Dieser steht dann im Zweifel den Grundstückseigentümern als Gesamtberechtigte gem.§ 428 BGB oder § 432 BGB zu, wobei zweckmäßiger Weise das Mitberechtigungsverhältnis der Grundstückseigentümer untereinander geregelt werden sollte, wenn die Grundstückseigentümer im Innenverhältnis entgegen § 430 BGB Nichtberechtigte zu gleichen Teilen sein sollen (vgl. v. Oefele/Winkler, a.a.O., S. 97; ähnlich auch MünchKomm/Joost, BGB, § 1105 BGB, Rn. 31). Ebenso wird in der Literatur empfohlen, das Forderungsrecht jedes Eigentümers auf seinen Anteil zu beschränken und umgekehrt auch die Leistungsmöglichkeit des Schuldners (vgl. v. Oefele/Winkler, a.a.O).

3. Nachbarerbbaurecht

231 Erheblich umstritten ist die Frage, ob ein sog. Nachbarerbbaurecht begründet werden kann.

Dieses unterscheidet sich vom Gesamterbbaurecht dadurch, daß nicht ein einheitlicher dinglicher Bestellungsvertrag zwischen den Grundstückseigentümern und dem Erbbauberechtigten abgeschlossen wird, sondern **einzelne Erbbauverträge** mit den jeweiligen Grundstückseigentümern, die allerdings alle zusammen ein einheitliches Bauwerk über die Grundstücksgrenze hinweg absichern sollen.

Das Nachbarerbbaurecht kann zum einen notwendig werden, wenn die Grundstückseigentümer nicht bereit sind, ein Gesamterbbaurecht zu bestellen. Der häufigere Fall ist aber der, daß der **Bauwillige bereits Eigentümer** eines Grundstücks, das überbaut werden soll, ist und er lediglich den Bau auf das Nachbargrundstück mit einem Erbbaurecht absichern möchte. Die Zulässigkeit des Nachbarerbbaurechts ist heftig umstritten (dagegen: BGH, DNotZ 1973, 609; v. Oefele/Winkler, Handbuch des Erbbaurechts, S. 102; dafür: OLG Düsseldorf, DNotZ 1974, 698; OLG Stuttgart, DNotZ 1975, 491; Schöner/Stöber, Grundbuchrecht, Rn. 1694). 232

Für die **Sachenrechtsbereinigung** ist es in § 39 Abs. 3 SachRBerG in der zweiten Fallgruppe (Erbbauberechtigter besitzt ein Nachbargrundstück) anerkannt, allerdings unter erheblichen gesetzgeberischen Auflagen (Ausschluß des Heimfallrechts, nur einheitliche Verfügung etc.). 233

4. **Mehrere Erbbaurechte auf einem Grundstück**

Ebenfalls umstritten ist, ob eine Belastung eines Grundstücks mit mehreren Erbbaurechten statthaft ist (bejahend: Weitnauer, DNotZ 1958, 413, 414; verneinend die herrschende Meinung: OLG Frankfurt, DNotZ 1967, 688; v. Oefele/Winkler, a.a.O. Handbuch des Erbbaurechts, S. 58; Erman/Hagen, BGB, § 1 ErbbauVO, Rn. 11; Staudinger/Ring, BGB, § 1, Rn. 24). 234

Für den Bereich der Sachenrechtsbereinigung ist durch § 39 Abs. 1 SachRBerG die Zulässigkeit hergestellt. Danach können an einem Grundstück mehrere Erbbaurechte bestellt werden, wenn jedes von ihnen nach seinem Inhalt nur an einer jeweils anderen Grundstücksteilfläche ausgeübt werden kann. In den Erbbaurechtsverträgen muß jeweils in einem Lageplan bestimmt sein, auf welche Teilfläche des Grundstücks sich die Grundstücksbefugnis des Erbbauberechtigten erstreckt. 235

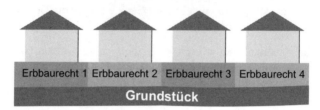

5. Wohnungserbbaurecht

236 Das Wohnungserbbaurecht ist in § 30 WEG anerkannt. Es handelt sich hierbei um eine Bruchteilsberechtigung am Erbbaurecht verbunden mit dem Sondereigentum an einer abgeschlossenen Wohnung (Wohnungserbbaurecht) oder an nicht zu Wohnzwecken dienenden bestimmten Räumen (Teilerbbaurecht). Auf das Wohnungserbbaurecht sind neben der ErbbauVO die Vorschriften des WEG entsprechend anwendbar (§ 30 Abs. 3 Satz 2 WEG). Die Begründung kann entweder nach § 3 WEG **durch Vertrag zwischen den Bruchteilsberechtigten am Erbbaurecht oder durch Teilung** gem. § 8 WEG erfolgen. Der gesamte dingliche Inhalt des Erbbaurechts wird nach der Entstehung des Wohnungserbbaurechts zugleich dinglicher Inhalt des Wohnungserbbaurechts (vgl. v. Oefele/Winkler, Handbuch des Erbbaurechts, S. 116). Mit der Entstehung des Wohnungserbbaurechts wird aus dem zuerst einheitlichen Erbbauzins ein Gesamterbbauzins (vgl. Rethmeier, MittRhNotK 1993, 145, 150). Gem. § 1108 Abs. 2 BGB haften die Wohnungserbbauberechtigten im Außenverhältnis zum Grundstückseigentümer hierfür als Gesamtschuldner. Da diese Haftung in der Regel nicht gewünscht ist, wird in der Praxis der Erbbauzins auf die einzelnen Wohnungserbbaurechte verteilt. Eine solche Vereinbarung kann allerdings nur unter Einbeziehung des Eigentümers diesem gegenüber verbindlich getroffen werden. Sowohl die Aufteilung entsprechend der Mitberechtigungsanteile als auch sonstige Einschränkungen der persönlichen Haftung sind Inhaltsänderungen der Reallast, die gem. §§ 877, 876 BGB einzutragen sind. Nach § 876 Satz 2 BGB ist außerdem die Zustimmung anderer Gläubiger von Grundpfandrechten und Reallasten am Grundstück, also der Gläubiger des Eigentümers erforderlich. Umstritten ist, inwieweit die gesamtschuldnerische dingliche Haftung aus der Gesamtreallast besteht (bejahend: v. Oefele/Winkler, a.a.O., S. 117; verneinend: Rethmeier, MittRhNotK 1993, 145, 152). Ebenfalls eine Anpassung bedarf die **Zinsanpassungsvormerkung** (vgl. Rethmeier, a.a.O.). Weiterhin bedarf es der Mitwirkung des Eigentümers bei Belastungen, wenn ein Zustimmungsvorbehalt nach § 5 Abs. 2 ErbbauVO vereinbart wurde.

X. Die Übertragung des Erbbaurechts

Das Erbbaurecht ist ein veräußerliches Recht, so daß es auch **jederzeit übertragen oder belastet** werden kann. 237

Nach § 11 Abs. 2 ErbbauVO bedarf eine vertragliche Verpflichtung zum Erbbaurecht der Form des § 313 BGB. Mit der Übertragung des Erbbaurechts tritt der Erwerber grundsätzlich in eine der dinglichen Rechtspositionen des Erbbaurechts ein (das sind diejenigen, die zum gesetzlichen Inhalt des Erbbaurechts gem. § 1 ErbbauVO gehören, und auch solche Vereinbarungen, die zwar an sich schuldrechtlicher Natur sind, die aber gem. § 2 ErbbauVO durch Eintragung im Grundbuch ebenfalls verdinglicht wurden). 238

Darüber hinaus enthält aber ein Erbbaurechtsbestellungsvertrag zwischen Grundstückseigentümer und Erbbauberechtigten eine Reihe von **schuldrechtlichen Elementen**, die bei der Übertragung des Erbbaurechts nicht automatisch auf den Rechtsnachfolger übergehen. Um zu gewährleisten, daß auch diese schuldrechtlichen Verpflichtungen aus dem Erbbaurechtsbestellungsvertrag zwischen Grundstückseigentümer und Erbbauberechtigten auf einen Sonderrechtsnachfolger, also etwa einem Käufer des Erbbauberechtigten übergehen, wird im Erbbaurechtsbestellungsvertrag dem Erbbauberechtigten häufig vertraglich auferlegt, einem Erwerber des Erbbaurechts alle schuldrechtlichen Verpflichtungen, insbesondere auch hinsichtlich des Erbbauzinses, im Veräußerungsvertrag weiterzugeben. 239

Da es sich hierbei um eine Übernahme eines bestehenden Vertrages handelt, dessen Inhalt bereits feststeht, muß der übernommene Vertrag nicht Gegenstand des Übertragungsvertrages sein, denn bei der Übernahme von Rechtsverhältnissen gehört nach der herrschenden Meinung nur der Eintritt bzw. die Übernahme als solche zum Inhalt des Veräußerungsvertrages, die Rechte, in die eingetreten wird, hier der Erbbaurechtsbestellungsvertrag, sind nur Grundlage der Übernahme beim Veräußerungsvertrag, selbst also **nicht beurkundungsbedürftig** (so auch BGH, DNotZ 1994, 476). 240

Vom schuldrechtlichen Vertrag zu unterscheiden ist hiervon die **abstrakte dingliche Übertragung** des Erbbaurechts, die gem. § 873 BGB durch Einigung und Grundbucheintragung erfolgt. Wie bei der Erbbaurechtsbestellung ist auch hier die dingliche Einigung, anders als bei der Auflassung, an keine Form gebunden, dem Grundbuchamt muß sie allerdings gem. § 20 GBO in der Form des § 29 GBO nachgewiesen werden. 241

Zu prüfen ist, ob eine **Zustimmung des Grundstückseigentümers** nach § 5 ErbbauVO erforderlich ist. 242

243 Zu beachten ist, daß gem. § 11 Abs. 1 Satz 2 ErbbauVO die dingliche Übertragung weder bedingt noch befristet sein darf. Insofern erfolgt eine Gleichbehandlung zum Grundstücksrecht (§ 925 Abs. 2 BGB).

XI. Inhaltsänderung und Aufhebung des Erbbaurechts

1. Inhaltsänderung

244 Unter einer Inhaltsänderung wird jede Verfügung verstanden, durch die der dingliche Inhalt des Erbbaurechts beschränkt, erweitert oder sonst verändert wird: z.B. Bebauungsbefugnis, Erstreckung auf Nebenflächen, Verlängerung der Erbbauzeit, Änderung des Heimfallanspruchs etc.

245 In der Literatur ist sehr umstritten, ob das schuldrechtliche Grundgeschäft, das zur Änderung des Erbbaurechts verpflichtet, nach § 313 BGB **formbedürftig** ist: Ein Teil der Literatur spricht sich für die Formfreiheit aus (Palandt/Bassenge, BGB, § 11 ErbbauVO, Rn. 11). Zum Teil wird darauf abgestellt, ob die Inhaltsänderung einer Erbbaurechtsbestellung gleichkommt (MünchKomm/v. Oefele, BGB, § 11 ErbbauVO, Rn. 28) oder ob sich die Rechtslage eines Vertragsbeteiligten verschlechtert (Ingenstau, Erbbaurecht, § 11, Rn. 50), oder ob die Inhaltsänderung einer Teilaufhebung oder einer Teilneubestellung des Erbbaurechts gleichkommt (Wufka, DNotZ 1986, 475; v. Oefele/Winkler, Handbuch des Erbbaurechts, S. 244).

246 Entschieden ist allerdings die Frage, daß eine Änderung des Erbbauzinses **keine Inhaltsänderung** des Erbbaurechts ist und diese daher formfrei vorgenommen werden kann.

247 Dinglich muß die Inhaltsänderung des Erbbaurechts durch Einigung und Eintragung im Grundbuch umgesetzt werden (§ 11 Abs. 1 Satz 1 ErbbauVO, §§ 877, 873 Abs. 1 BGB). Die dingliche Änderung bedarf keiner Form. Sie muß lediglich in der Form des § 29 GBO dem Grundbuchamt nach § 20 GBO nachgewiesen werden.

2. Aufhebung

248 Nach § 26 ErbbauVO kann ein Erbbaurecht **mit Zustimmung des Grundstückseigentümers** aufgehoben werden. Die dingliche Aufgabeerklärung eines Erbbauberechtigten und die Zustimmung des Grundstückseigentümers bedürfen keiner besonderen Form, lediglich verfahrensrechtlich müssen beide Erklärungen in der Form des § 29 GBO vorliegen.

249 Die herrschende Meinung wendet allerdings **§ 11 Abs. 2 ErbbauVO** mit seiner Verweisung auf § 313 BGB auch auf das Grundgeschäft an, das der Verpflichtung zur Aufhebung des Erbbaurechts zugrundeliegt (Schö-

ner/Stöber, Grundbuchrecht, Rn. 1857; Ingenstau, Erbbaurecht, § 26, Rn. 11; v. Oefele/Winkler, Handbuch des Erbbaurechts, S. 255). Zur Begründung der Beurkundungsbedürftigkeit der Aufhebung wird darauf hingewiesen, daß § 11 Abs. 2 ErbbauVO keine bloße Form-, sondern auch eine Normzweckverweisung sei. Wirtschaftlich führe die Aufhebung des Erbbaurechts zur „Übertragung" des Eigentums am Gebäude auf den Grundstückseigentümer, so daß auch inhaltlich die Verweisung gerechtfertigt ist (vgl. Wufka, DNotZ 1986, 473).

XII. Belastung des Erbbaurechts

Das Erbbaurecht kann wie ein Grundstück belastet werden, nämlich durch **Einigung und Eintragung** (§ 11 ErbbauVO i.V.m. § 873 BGB). Insbesondere ist die Belastung mit Hypotheken und Grundschulden möglich und üblich. In der Praxis häufig ist auch ein Vorkaufsrecht am Erbbaurecht vom jeweiligen Grundstückseigentümer und umgekehrt ein Vorkaufsrecht am Erbbaugrundstück für den jeweiligen Erbbauberechtigten eingetragen. Bei Nutzungsrechten, insbesondere Grunddienstbarkeit und beschränkt persönlicher Dienstbarkeit, gilt allerdings, daß die Dienstbarkeit nur im Rahmen der eigenen Befugnisse des Erbbauberechtigten bestellt werden kann. Der Erbbauberechtigte kann also im Rahmen einer Dienstbarkeit nicht mehr Befugnisse verleihen, als ihm selber im Rahmen des Erbbaurechts zustehen.

250

Beispiel:

Ein Erbbaurecht, das lediglich zur Bebauung mit einem Wohngebäude berechtigt, kann nicht mit einer Tankstellendienstbarkeit belastet werden (BayObLG, DNotZ 1958, 542); zulässig ist aber eine Dienstbarkeit zum Betrieb einer Netzstation außerhalb eines Bauwerks (KG, DNotZ 1992, 312).

Hinweis:

251

Zur Verdeutlichung der Probleme zwischen Dienstbarkeit und Erbbaurecht mag folgendes Beispiel dienen: Ein Grundstück ist mit einer Grunddienstbarkeit belastet. Auf dem Grundstück soll ein Erbbaurecht bestellt werden. Der Berechtigte aus der Dienstbarkeit verweigert den notwendigen Rangrücktritt. Nach BGH (DNotZ 1974, 692) hat der Eigentümer keinen Anspruch auf Rangrücktritt. Durch folgende Formulierung soll vermieden werden, daß der Dienstbarkeitsberechtigte eine Verwertung des Grundstücks durch Bestellung eines Erbbaurechts verhindert:

„Die Dienstbarkeit erlischt, wenn an dem belasteten Grundstück ein Erbbaurecht bestellt wird und Dienstbarkeitsberechtigte innerhalb von

> *drei Monaten nach schriftlicher Aufforderung kein Rangrücktritt hinter das Erbbaurecht abgibt. Der Rangrücktritt darf an die Bedingung geknüpft werden, daß gleichzeitig mit Vollzug des Rangrücktritts die Dienstbarkeit am Erbbaurecht eingetragen wird und dort die Rangstelle erhält, die sie vor dem Rangrücktritt am Grundstück hatte."*

XIII. Teilung des Erbbaugrundstücks und des Erbbaurechts

252 Voraussetzung jeder Erbbaurechtsstellung ist die Teilung des Erbbaugrundstücks. Folgende Schritte sind dabei zu unternehmen (vgl. im einzelnen Grauel, Teilung eines Erbbaurechts mit Formular, ZNotP 1997, 21):

1. Teilung des Erbbaugrundstücks

253 Zu einer **Realteilung des Erbbaugrundstücks** ist weder die Zustimmung des Erbbauberechtigten noch der Drittberechtigten am Erbbaurecht erforderlich. Nach nunmehr ganz h.M. entsteht **mit der Teilung des Erbbaugrundstücks** – wenn keine weiteren Vereinbarungen getroffen werden – **ein Gesamterbbaurecht an den neugebildeten Parzellen** (Demharter, GBO, Anhang zu § 8, Rn. 13; Schöner/Stöber, Grundbuchrecht, Rn. 1695, 1854; OLG Hamm, DNotZ 1960, 107; BGHZ 65, 345). Wegen des Entstehens eines Gesamterbbaurechts ist es allerdings empfehlenswert, vertragliche Regelungen für die Beendigung des Erbbaurechts zu treffen (Schöner/Stöber, a.a.O., Rn. 1696; v. Oefele/Winkler, a.a.O.; BayObLG, MittBayNot 1982, 129).

254 Zu einer Teilung des Erbbaugrundstücks ist die **Zustimmung des Erbbauberechtigten nicht erforderlich** (Schöner/Stöber, a.a.O., Rn. 1854), denn seine Rechte werden nicht geschmälert, worauf das OLG Hamm (DNotZ 1960, 107) zutreffend hinweist. Mit der Grundstücksteilung entsteht ein Gesamterbbaurecht, d.h. es besteht weiter ein einheitliches Erbbaurecht, also nicht eine Belastung der einzelnen Parzellen mit jeweils selbständigen Erbbaurechten. Damit wird auch die Rechtsposition von Drittberechtigten am Erbbaurecht nicht nachteilig betroffen, sie wird überhaupt nicht verändert. Daher ist auch deren Zustimmung nicht erforderlich.

2. Teilung des Erbbaurechts

255 Die Aufteilung des einheitlichen Erbbaurechts in selbständige (Teil-)Erbbaurechte ist nach ganz h.M. zulässig, falls sich auf jeder der neuen Parzellen ein selbständiges Bauwerk befindet (Demharter, GBO, Anhang zu § 8, Rn. 14; Staudinger/Ring, BGB, § 11 ErbbauVO, Rn. 16; v. Oefele/Winkler, a.a.O.;

Schöner/Stöber, a.a.O., Rn. 1849). Sind die **Baulichkeiten bereits errichtet**, so ist die Erbbaurechtsteilung also nur möglich, wenn mehrere Bauwerke vorhanden sind. Sind die Bauwerke noch nicht errichtet, ist aber im Erbbaurechtsvertrag die Lage der Bauwerke bestimmt, so ist ebenfalls die Erbbaurechtsteilung möglich, sofern auf jeder neuen Parzelle ein selbständiges Bauwerk errichtet werden kann. Ist die Lage und Anzahl der Gebäude noch nicht genau bestimmt, so darf eine Erbbaurechtsteilung nur erfolgen, wenn sichergestellt ist, daß kein Grenzüberbau erfolgt und zu jedem Teilerbbaurecht eine bestimmte Bebauungsbefugnis gehört. Insofern müssen vorher u.U. die Erbbaurechtsverträge entsprechend angepaßt werden.

Die **Teilung des (Gesamt-)Erbbaurechts** stellt bzgl. der einzelnen Parzelle eine **Teilaufhebung** dar. Denn jede Parzelle wird von dem bisher einheitlichen Erbbaurecht insoweit freigestellt, als sich dieses nicht auf das auf der jeweiligen Parzelle befindliche Bauwerk bezieht. Wegen dieser Teilaufhebung ist nach § 26 ErbbauVO die **Zustimmung des Grundstückseigentümers** erforderlich (Demharter, GBO, Anhang zu § 8, Rn. 14; Haegele/Schöner/Stöber, a.a.O., Rn. 1851; BGH, DNotZ 1974, 441; Staudinger/Ring, a.a.O., § 11 Rn. 16; OLG Neustadt, DNotZ 1960, 385; v. Oefele/Winkler, a.a.O., Rn. 5.166). Zwar setzen sich die Belastungen am bisherigen einheitlichen Erbbaurecht nach der Teilung des Erbbaurechts als Gesamtbelastungen auf den neuen Einzelerbbaurechten fort (Schöner/Stöber, a.a.O., Rn. 1851, 1854). Da die Teilung des Erbbaurechts – wie oben dargestellt – jedoch materiell-rechtlich eine Teilaufhebung ist, findet darauf über § 11 Abs. 1 ErbbauVO § 876 Satz 1 BGB Anwendung. Danach ist die Zustimmung der Drittberechtigten erforderlich (vgl. v. Oefele/Winkler, a.a.O.; Staudinger/Ring, BGB, § 11 ErbbauVO, Rn. 16; OLG Neustadt, DNotZ 1960, 385). Eine abweichende Ansicht vertreten hier Haegele/Schöner/Stöber (a.a.O., Rn. 1851), unter Verweis auf BayObLG, Rpfleger 1987, 156. Diese Entscheidung betrifft jedoch die Aufhebung des Erbbaurechts unter „Erstreckung" der Belastungen am Erbbaurecht auf das Grundstück. Nur in einem obiter-dictum führt das BayObLG aus, daß für Verwertungsrechte keine Beeinträchtigung des Gläubigers vorliegen „mag", wenn das Verwertungsrecht statt am Erbbaurecht nunmehr am Grundstück besteht. Im vorliegenden Fall tritt jedoch nicht das Grundstück an die Stelle des Erbbaurechts, sondern an die Stelle des einheitlichen (Gesamt-) Erbbaurechts tritt nunmehr eine Vielzahl von Einzelerbbaurechten. Daher ist der Ansicht von v. Oefele/Winkler zu folgen, wonach damit durchaus die Erfolgsaussichten bei einer Verwertung geschmälert werden, denn es ist nicht sicher, daß die Verwertung mehrerer (kleinerer) Einzelerbbaurechte denselben Erfolg bringt wie die Verwertung eines (großen) Erbbaurechtes. Etwas anderes mag für Rechte in Abteilung II des Erbbaugrundbuches gelten, deren Ausübungsbereich auf einzelne Erbbaurechte, also auf die Fläche einzelner

256

Parzellen, beschränkt ist, denn diese erlöschen an den übrigen (Einzel-)Erbbaurechten nach § 1026 BGB analog. Grundsätzlich ist jedoch zur Teilung des Erbbaurechts die Zustimmung des Grundstückseigentümers sowie der Drittberechtigten am Erbbaurecht erforderlich.

XIV. Umwandlung von Wohnungserbbaurechten in Wohnungseigentum

257 Eine nicht ganz einfache Fallsituation liegt in der Praxis vor, wenn Wohnungserbbaurechte in Wohnungseigentum umgewandelt werden sollen. Ein Wohnungserbbaurecht ist nach § 30 Abs. 1 WEG ein mehreren gemeinschaftlich nach Bruchteilen zustehendes Erbbaurecht, wobei das Miteigentum ebenso wie beim Wohnungseigentum dadurch beschränkt ist, daß jedem der Mitberechtigten das Sondereigentum an einer bestimmten Wohnung oder an sonstigen Räumen zusteht (vgl. auch Pick, in: Bärmann/Pick/Merle, WEG, 1997, § 30 WEG, Rn. 32; MünchKomm/Röll, BGB, § 30 WEG, Rn. 1; Staudinger/Rapp, BGB, § 30 WEG, Rn. 3; Weitnauer, WEG, § 30 WEG, Rn. 7).

258 Die **bloße Vereinigung von Erbbaurecht und Grundstückseigentum** in einer Person **führt** nach § 889 BGB noch **nicht zum Erlöschen des Erbbaurechtes**. Dies ergibt sich insbesondere aus den Vorschriften über den Heimfall des Erbbaurechtes (§ 2 Nr. 4 und §§ 32 f. ErbbauVO).

259 Auch wenn ein und derselbe Erwerber Erbbaurecht und Grundstückseigentum erwirbt, bleibt daher das Erbbaurecht (bzw. hier die sieben Wohnungserbbaurechte) bestehen.

260 Da es sich beim Wohnungserbbaurecht nach § 30 WEG nur um eine besondere Art der Mitberechtigung an einem Erbbaurecht handelt, kann nur das Erbbaurecht **insgesamt** aufgehoben werden – es verbleibt dann das **unbelastete Grundstück**. Nicht möglich ist hingegen eine Aufhebung des Erbbaurechtes in der Weise, daß nur die Wohnungseigentumseinheiten übrig bleiben würden. Denn das Wohnungseigentum als solches ist eine besondere Form des Bruchteilseigentums am Grundstück. Wünscht der Erwerber daher Wohnungseigentum zu erhalten, so muß zunächst das Erbbaurecht am Grundstück (bzw. hier das Wohnungserbbaurecht) aufgehoben werden. In einem zweiten Schritt kann dann das Grundstück in Wohnungseigentum aufgeteilt werden (vgl. Rethmaier, MittRhNotK 1993, 145, 156).

261 Die Aufhebung aller Wohnungserbbaurechte durch Rechtsgeschäft muß gem. § 875 Abs. 1 BGB durch Erklärung und Eintragung im Grundbuch erfolgen. Gem. § 876 BGB ist die Zustimmung Dritter erforderlich, wenn das

Erbbaurecht mit Rechten Dritter belastet ist, also die Zustimmung der Grundpfandrechtsgläubiger notwendig ist. Außerdem muß nach § 26 ErbbauVO der Grundstückseigentümer der Aufhebung zustimmen (vgl. Ingenstau, Erbbaurecht, § 11, Rn. 67; BayObLG, DNotZ 1985, 372; Schöner/Stöber, Grundbuchrecht, Rn. 1857). Mit der Aufhebung erlischt das Erbbaurecht und die hieran bestellten dinglichen Rechte, denn mit dem Wegfall des Erbbaurechts entfällt die Haftungsgrundlage für diese Rechte. Die Rechte setzen sich nicht am Grundstück fort. Nach herrschender Meinung gilt § 12 Abs. 3 ErbbauVO hierfür weder direkt noch entsprechend (Ingenstau, a.a.O., Rn. 69; BayObLG, a.a.O.).

Die im Erbbaugrundbuch eingetragenen dinglichen Rechte können daher auch nicht im Wege der **Grundbuchberichtigung** auf das Grundbuchblatt des Grundstücks „übertragen" werden (vgl. Ingenstau, a.a.O., BayObLG, a.a.O.; v. Oefele/Winkler, Handbuch des Erbbaurechts, a.a.O.). 262

Will man diesen Weg gehen, müßten also folgende Schritte vorgenommen werden: 263

- Aufgabeerklärung der Wohnungserbbauberechtigten gemäß § 875 BGB
- Zustimmung der Grundstückseigentümer gemäß § 26 ErbbauVO
- Zustimmung der am Wohnungserbbaurecht dinglich Berechtigten gemäß § 876 BGB
- Eintragung der Löschung im Grundbuch, wobei die Löschung im Grundstücksgrundbuch maßgebend ist, da dies für den rechtlichen Weiterbestand des Erbbaurechts konstitutiv ist
- Aufteilung des Grundstücks in Wohnungseigentum gemäß § 8 WEG oder § 3 WEG
- Neubegründung der Grundpfandrechte an den jeweiligen Wohnungseigentumsrechten

Handelt es sich nicht um ein Wohnungserbbaurecht, sondern um ein „normales" Erbbaurecht, so könnte der Weg auch etwas anders gewählt werden. Das BayObLG hat zu Recht auf folgende Vorgehensweise hingewiesen (DNotZ 1985, 373): 264

- Vor der Übertragung des Grundstücks könnte dieses durch den bisherigen Eigentümer mitbelastet werden, wodurch – am Grundstück und am Erbbaurecht gemeinsam lastende – Gesamtrechte entstehen.
- Der Erwerber kann aber auch dingliche Rechte gem. § 873 BGB am Grundstück neu begründen; dies kann auch vor Löschung des Erbbaurechts samt seinen Belastungen geschehen.

265 Ob dieses Verfahren auch bei Wohnungserbbaurechten möglich ist, ist problematisch. Das BayObLG hat in der Entscheidung vom 17. 3. 1994 (DNotZ 1995, 61) die Frage offengelassen. Es könne dahingestellt bleiben, ob eine Gesamtbelastung von Wohnungseigentum und Wohnungserbbaurecht überhaupt möglich ist, ob also Wohnungseigentum an dem Grundstück schon vor der Aufhebung des Erbbaurechts hätte begründet werden können. Nur in diesem Fall wäre eine vorherige und damit eine Gesamtbelastung des Wohnungseigentums möglich gewesen. Soweit ersichtlich, finden sich in der Literatur zu dieser Frage keine Ausführungen, so daß es fraglich bleibt, ob Wohnungseigentum und Wohnungserbbaurecht nebeneinander bestehen können. In der gleichen Entscheidung hat das Gericht darauf hingewiesen, daß Wohnungserbbaurecht und Wohnungseigentumsrecht nicht gleichzeitig nebeneinander bestehen könnten. Man könnte mit folgender Argumentation die Zulässigkeit der Begründung von Wohnungseigentum vor der Aufhebung des Wohnungserbbaurechtes jedoch bejahen: Das **Wohnungseigentum verbindet das Alleineigentum an einer Wohnung** (Sondereigentum) **mit dem Bruchteilseigentum am Grundstück**. Die Problematik beim Erbbaurecht ist nun, daß das Gebäude nicht wesentlicher Bestandteil des Grundstücks ist. Nach herrschender Meinung muß aber für Wohnungseigentum das Gebäude wesentlicher Bestandteil des Grundstücks sein, das in Miteigentumsanteile verbunden mit Sondereigentum aufgeteilt wird (vgl. nur Haegele/Schöner/Stöber, Grundbuchrecht, Rn. 2817). Nach herrschender Meinung kann Wohnungseigentum allerdings auch schon vor Errichtung des Gebäudes begründet werden. Es besteht dann aus dem Miteigentumsanteil am Grundstück und dem damit verbundenen Anwartschaftsrecht auf den Miteigentumsanteil an den künftig im Gemeinschaftseigentum stehenden Gebäudeteilen und aus dem künftigen Sondereigentum gemäß dem Aufteilungsplan. Der Inhaber dieses werdenden Wohnungseigentums hat die Rechtsstellung eines Wohnungseigentümers. Es besteht nach herrschender Meinung auch schon eine Wohnungseigentümergemeinschaft; dieses Wohnungseigentum am entstehenden Gebäude ist auch übertragbar und belastbar. Das Sondereigentum entsteht bei diesem werdenden Wohnungseigentum schrittweise mit Errichtung der betreffenden Raumeinheit im Rohbau (vgl. Palandt/Bassenge, BGB, § 2 WEG, Rn. 10; BGHZ 110, 36; LG Aachen, MittRhNotK 1983, 136; BGH, NJW 1986, 2759). Man könnte nun auch im vorliegenden Fall anmerken, daß im Zeitpunkt der Aufteilung des Grundstücks in Wohnungseigentum noch kein Gebäude vorhanden war, welches Gegenstand des Sondereigentums werden konnte, daß aber mit der **Aufgabe des Wohnungserbbaurechts** das Gebäude wesentlicher Bestandteil des Grundstücks wird und dann sofort Wohnungseigentum, wie beim zum errichtenden Gebäude, entsteht. Unter Umständen ist es notwendig, daß bereits der Erwerbsvertrag bezüglich des Wohnungseigentums abgeschlossen

wurde, damit ein Anwartschaftsrecht auf das Gebäude besteht. Man könnte also im vorliegenden Fall mit Hinweis auf das bestehende Wohnungseigentum vor Errichtung des Gebäudes die Auffassung vertreten, daß gleiches für den Fall gelten muß, daß das Gebäude nicht erst errichtet werden muß, sondern durch Aufgabe des Erbbaurechts dem Grundstück wieder zufällt. Die Situation ist im Grunde die gleiche, so daß wohl ähnliche Überlegungen angebracht sein könnten. Soweit ersichtlich, ist diese Auffassung bisher noch nirgends diskutiert worden, so daß man nicht von einer gefestigten Gestaltung sprechen kann. Es empfiehlt sich daher, im Einzelfall vor der Beurkundung mit dem zuständigen Rechtspfleger zu besprechen, ob dieser mit einer solchen Lösung einverstanden wäre.

Die vorherige Begründung von Wohnungseigentum bringt allerdings **keine Vereinfachung des Verfahrens**, sondern nur **Kostenvorteile**, da die Neubestellung und Eintragung von Rechten höhere Kosten auslösen kann als die Mitbelastung. Es wäre daher auch in diesem Fall für die Aufhebung des Wohnungserbbaurechts nach § 876 BGB die Zustimmung der Grundpfandrechtsgläubiger notwendig. 266

Die Aufhebung des Erbbaurechts müßte dann allerdings von allen Wohnungseigentümern gemeinschaftlich nach § 875 BGB erklärt werden. 267

Dieses Verfahren der vorherigen Begründung von Wohnungseigentum hätte allerdings noch den Vorteil, daß die Wohnungserbbauberechtigten von vornherein Wohnungseigentum erwerben könnten und nicht lediglich einen Miteigentumsanteil am Grundstück, der mit der Gefahr der Pfändung belastet ist. Der Pfandgläubiger könnte dann die Aufhebung der Miteigentümergemeinschaft verlangen, wobei ein solches Aufhebungsrecht nach § 749 Abs. 3 BGB nicht ausgeschlossen werden kann. Der vorrangige Erwerb des Grundstücks zu Miteigentumsanteilen durch eine größere Anzahl von Käufern hätte eben gewisse Risiken. 268

Das BayObLG hatte die Frage der **Umschreibung von Wohnungserbbaugrundbüchern** in Wohnungsgrundbücher im Urteil v. 4. 3. 1999 zur Entscheidung gehabt (DNotI-Report 1999, 81). Es hat jedenfalls die **direkte Überführung** des Wohnungserbbaurechts in Wohnungseigentum im Wege der Zuschreibung des Grundstücks zum Erbbaurecht **nicht zugelassen**. Es wird aber offen gelassen, ob das Grundstück überhaupt dem Erbbaurecht als Bestandteil zugeschrieben werden kann. Die Zulässigkeit einer solchen Zuschreibung unterstellt, führt jedenfalls die Aufhebung des Erbbaurechts nicht dazu, daß sich die Wohnungserbbaurechte in Wohnungseigentum umwandeln. Hierzu sei vielmehr ein Vertrag der Miteigentümer über die Aufteilung des Grundstücks in Wohnungseigentum erforderlich. 269

XV. Anpassung des Erbbauzinses bei fehlender Wertsicherung

270 In der Praxis spielt bei alten Erbbaurechten, bei denen keine Anpassungsvereinbarungen des Erbbauzinses aufgenommen sind, häufig die Frage der **außervertraglichen Anpassung** eine erhebliche Rolle. Nach ständiger Rechtsprechung des BGH kann sich im Verhältnis der Parteien ein Anspruch auf Erhöhung des Erbbauzinses nach den Grundsätzen des Fortfalls der Geschäftsgrundlage ergeben. Ein solcher Anspruch kann sich nur aus dem schuldrechtlichen Bestellungsvertrag ergeben (BGHZ 96, 371) und setzt daher den Fortbestand dieser schuldrechtlichen Beziehung zwischen den Parteien voraus. Erforderlich ist eine grundlegende Äquivalenzstörung. Eine solche Störung infolge des Geldwertschwundes ist dann nicht mehr hinzunehmen, wenn das im Vertrag vorausgesetzte Gleichgewicht zwischen Leistung und Gegenleistung in so erheblichem Maße gestört wird, daß die hiervon betroffene Vertragspartei in der Erbbauzinsvereinbarung ihre Interessen nicht einmal mehr annähernd gewahrt sehen kann (BGHZ 77, 194, 198; BGH, NJW 1990, 2620 = DNotZ 1991, 381). Das ist bei Wohnungserbbaurechten grundsätzlich schon bei einem Kaufkraftschwund des ursprünglich vereinbarten Erbbauzinses um mehr als 60 % der Fall (BGHZ 90, 227; BGH, DNotZ 1991, 381).

271 Wird diese Grenze überschritten, so ist im Zweifel nicht anzunehmen, daß der Erbbaurechtsbesteller das Risiko auch eines derartigen Anstiegs vorausgesehen und übernommen hat (BGHZ 94, 257, 259). Ist diese Grenze von 60 % überschritten, dann hat der Grundstückseigentümer einen Anspruch auf Erhöhung des Erbbauzinses. Für den Zeitpunkt der Erhöhung des Erbbauzinses ist der gesamte Zeitraum seit Abschluß des Erbbaurechtsvertrages bis zum Prozeß zu berücksichtigen.

XVI. Erbbaurecht und Grunderwerbssteuer

1. Allgemein

272 Grunderwerbssteuerlich wird das Erbbaurecht durch § 2 Abs. 2 Nr. 1 GrEStG einem Grundstück gleichgestellt. Zwar könnte man nun zu der Auffassung gelangen, daß es für die Anwendung des § 2 Abs. 2 Nr. 1 GrEStG ausreichend ist, die Tatbestände des § 1 GrEStG ohne weiteres auch auf das Erbbaurecht anzuwenden. Vielmehr sind aber, wie der BFH im Urteil vom 28. 11. 1967 (BFHE 91, 191, 195) entschieden hat, auch der Begriff des Eigentums am Grundstück durch die Erbbauberechtigung zu ersetzen und die entsprechenden Folgerungen für die Übertragungsakte und die Verpflichtung zu solchen zu ziehen. Daß die entsprechende Anwendung des § 1 GrEStG auf das Erbbaurecht nicht immer einfach ist, zeigt das Urteil des BFH vom 8. 2. 1995, in dem dieser **gegen eine feststehende Verwaltungsmeinung** entschied. Auch der BFH selbst ändert, wie das Urteil vom

18. 8. 1993 (DStR 1993, 1479) zeigt, bisweilen seine ständige Rechtsprechung im Zusammenhang mit dem Erbbaurecht. Nachfolgend sollen daher einige problematische Fälle der Grunderwerbssteuerpflicht im Zusammenhang mit Vorgängen bei einem Erbbaurecht untersucht werden.

Die **Finanzverwaltung** beurteilt seit Inkrafttreten des GrEStG von 1983 einheitlich Erbbaurechtsvorgänge nach dem koordinierten Ländererlaß der Finanzbehörde Hamburg vom 3. 7. 1985 (vgl. auch koordinierter Ländererlaß des Finanzministeriums Baden-Württemberg vom 30. 8. 1994, DStR 1994, 1655). 273

2. Übertragung des Erbbaurechts

Unproblematisch der Grunderwerbssteuer unterliegen gem. § 1 Abs. 1 Nr. 2 GrEStG Verträge, die die Übertragung des Erbbaurechts zum Gegenstand haben. Die Übertragung des Erbbaurechts bedarf nicht der Auflassung. Materiell-rechtlich genügt die **formlose Einigung** gem. § 873 BGB und die Eintragung im Grundbuch. Genauso wie der Grundstückskauf oder die Grundstücksübertragung gem. § 1 Abs. 1 Nr. 1 GrEStG der Grunderwerbssteuer unterliegen, gilt das gleiche für die Übertragung des Erbbaurechts (vgl. Boruttau/Egly/Siegloch, GrEStG, § 2, Rn. 17; BFH, Bundessteuerblatt II 1980, 136, Ländererlaß Teilziff. 1.1.2). 274

3. Bestellung des Erbbaurechts

Schwieriger zu beantworten ist bereits die Frage, ob auch die **Verpflichtung zur Bestellung eines Erbbaurechts** der Grunderwerbssteuer unterliegt. Seit dem Urteil des BFH vom 28.11.1967 (Bundessteuerblatt II 1968, 223) geht die allgemeine Meinung davon aus, daß auch die rechtsgeschäftliche Bestellung des Erbbaurechts, die sich nach § 873 BGB durch Einigung und Eintragung vollzieht, der Grunderwerbssteuer unterliegt (Rspr., BFHE 91, 191; BFHE 126, 71). Der BFH war im Grundsatzurteil vom 28.11.1967 der Auffassung, daß die Tatbestände des § 1 GrEStG sinngemäß auf den Erwerb von Erbbaurechten an inländischen Grundstücken zu übertragen seien. Bei rechtsgeschäftlichem Verkehr mit Grundstücken unterliege der Grunderwerbssteuer in erster Linie der Kaufvertrag und als das Rechtsgeschäft, das den Anspruch auf Übereignung begründe. Aus der Gleichsetzung der Erbbaurechte mit den Grundstücken folge, daß nicht nur die Verpflichtung, ein Erbbaurecht zu übertragen, der Grunderwerbssteuer unterliege, sondern auch die Verpflichtung, ein Erbbaurecht zu bestellen, hilfsweise die dingliche Bestellung des Erbbaurechts. Denn wenn das Erbbaurecht dem Grundstück gleichstehe, so stehe die Erbbauberechtigung dem Eigentum gleich. Daraus folge, daß das Rechtsgeschäft, durch welches aus dem Vollrecht des Eigentums an dem Grundstück die Erbbauberechtigung als beschränktes 275

Recht am Grundstück entstehe, zugleich aber als Vollrecht am Erbbaurecht ausgeschieden werde, in gleicher Weise der Grunderwerbssteuer unterliegen müsse wie die Übertragung vom Eigentum des Veräußerers in das Eigentum des Erwerbers. Die Literatur ist dieser Auffassung weitgehend gefolgt (vgl. Fischer, in: Boruttau/Egly/Siegloch, § 2, Rn. 121).

4. Verlängerung der Laufzeit des Erbbaurechts

276 Schwieriger zu beurteilen war die Verlängerung der Laufzeit eines Erbbaurechts. Die Zeitveränderung stellt eine Inhaltsänderung des Erbbaurechts dar. Die **Inhaltsänderung** bedarf daher gem. §§ 877, 873 BGB der formlosen Einigung und der Eintragung im Grundbuch. Lediglich grundbuchrechtlich muß die zur Inhaltsänderung erforderliche Einigung dem Grundbuchamt in der Form des § 29 GBO nachgewiesen werden (§ 20 GBO).

277 Entsprechend dieser zivilrechtlichen Vorgabe war der BFH in seinen früheren Urteilen der Auffassung, daß die Vereinbarung, das Erbbaurecht vor seinem Ablauf zu verlängern, als bloße Inhaltsänderung des Erbbaurechts nicht für sich der Grunderwerbsteuer unterliegt, insbesondere nicht als Rechtsgeschäft im Sinne des § 1 Abs. 1 Nr. 1 GrEStG anzusehen ist (so BFH, Bundessteuerblatt II 1982, 625 und Bundessteuerblatt II 1982, 630).

278 Im Urteil vom 18. 8. 1993 (DStR 1993, 1479) hat er diese Auffassung nunmehr aufgegeben. Mit ähnlicher Argumentation wie im Urteil aus dem Jahre 1968 weist der BFH darauf hin, daß, wenn das Erbbaurecht dem Grundstück gleichsteht, die Erbbauberechtigung dem Eigentum gleichsteht. Daraus folgt, daß das Rechtsgeschäft, durch welches aus dem Vollrecht des Eigentums an einem Grundstück die Erbbauberechtigung als beschränktes Recht am Grundstück werde, in gleicher Weise der Grunderwerbssteuer unterliegen müsse wie die Übertragung vom Eigentum des Veräußerers in das Eigentum des Erwerbers. Die entsprechende Anwendung des § 1 Abs. 1 GrEStG sei aber nicht nur in den vom BFH entschiedenen Fällen der Übertragung eines bestehenden und der Begründung eines neuen Erbbaurechts geboten, sondern auch, wenn der Grundstückseigentümer für den Erbbauberechtigten das Erbbaurecht vor dessen Ablauf verlängere. Denn die Verlängerung des Erbbaurechts stehe ebenso wie die Übertragung eines bestehenden Erbbaurechts und die Bildung eines Erbbaurechts der Übereignung gleich. Der Grundstückseigentümer räume auf diesem Weg dem Erbbauberechtigten eine andernfalls erlöschende, über die bestehende zeitlich begrenzte Berechtigung hinausgehende Berechtigung an dem Grundstück ein. Dieses, das Erbbaurecht charakterisierende eigentumsähnliche, Form der Herrschaft an der Grundstücksfläche werde für einen weiteren Zeitraum übertragen und damit für diesen Zeitraum begründet.

5. Rechtsgeschäftliche Aufhebung des Erbbaurechts

Nach § 26 ErbbauVO i.V.m. § 875 BGB ist zur Aufhebung des Erbbaurechts die **Erklärung** des Erbbauberechtigten, daß er das Recht aufgibt und die **Löschung** des Rechts im Grundbuch erforderlich. Die **Aufgabeerklärung** bedarf nach § 29 GBO öffentlich beglaubigter Form. Darüber hinaus ist nach § 26 ErbbauVO die Zustimmung des Grundstückseigentümers, die materiellrechtlich formfrei, verfahrensrechtlich ebenfalls § 29 GBO genügen muß.   279

Auch die rechtsgeschäftliche Aufgabe des Erbbaurechts ist seit der Entscheidung des BFH vom 31. 3. 1976 grunderwerbssteuerpflichtig (BFHE 118, 480; BFHE 129, 223, 225; Fischer, in: Boruttau/Egly/Siegloch, § 2, Rn. 136). Der BFH ist in der Entscheidung vom 31. 3. 1976 der Auffassung, daß, wenn die Entstehung des Erbbaurechts der Grunderwerbsteuer unterliege, auch folgerichtig die rechtsgeschäftliche Aufhebung des Erbbaurechts der Grunderwerbssteuer unterliegen müsse, da durch diesen Vorgang die rechtliche Teilung des Grundstücks in das bebauungsfähige Erbbaurecht und das nicht mehr bebauungsfähige Grundstück aufgehoben werde und infolge des Erlöschens des Erbbaurechts seine Bestandteile, vornehmlich die aufstehenden Gebäude in das Eigentum des Grundstückseigentümers übergehen (§ 12 Abs. 3 ErbbauVO). Mit der Aufhebung des Erbbaurechts habe der Grundstückseigentümer die volle rechtliche Macht über das Grundstück zurückerlangt, zudem sei die Aufspaltung der Vollherrschaft an dem Grundstück beseitigt worden.   280

6. Erlöschen des Erbbaurechts durch Zeitablauf

Gegenstand der neuesten Entscheidung vom 8. 2. 1995 war nun die Frage, welche grunderwerbssteuerlichen Folgen beim Erlöschen des Erbbaurechts durch Zeitablauf eintreten.   281

Die **Dauer** des Erbbaurechts ist in der ErbbauVO nicht geregelt, es gibt weder eine Mindest- noch eine Höchstdauer, so daß auch ein völlig unbefristetes Erbbaurecht nach herrschender Meinung zulässig ist (vgl. v. Oefele/Winkler, Handbuch des Erbbaurechts, S. 65). In der Praxis sind diese ewigen Erbbaurechte allerdings selten. Die meisten Erbbaurechte enthalten eine Zeitbestimmung, die dann zum gesetzlichen Inhalt des Erbbaurechts gehört. Die zeitliche Begrenzung erfolgt in der Regel auf dreißig bis hundert, in den meisten Fällen auf 99 Jahre.   282

§ 12 Abs. 3 ErbbauVO bestimmt, daß mit dem Erlöschen des Erbbaurechts die Bestandteile des Erbbaurechts Bestandteile des Grundstückes werden. Auch mit dem Erlöschen des Erbbaurechts durch Zeitablauf wird damit das Bauwerk wieder wesentlicher Grundstücksbestandteil und damit Eigentum des Grundstückseigentümers.   283

Folgte man der früheren Argumentation, dann hätte es nahe gelegen, auch diesen Vorgang als **grunderwerbssteuerpflichtig** anzusehen. Dieser An-   284 sicht war auch das klagende Finanzamt, das sich dabei auf Teil 1.3.3 i.V.m. Teilziff. 5.2.2 des koordinierten Ländererlasses berief. Darüber hinaus war das Finanzamt der Auffassung, daß, wenn die rechtsgeschäftliche Bestellung des Erbbaurechts wie eine Übertragung des Eigentums auf einen Erwerber angesehen werde, das gleiche für den Fall des Erlöschens gelten müßte. Dies entspreche auch der Argumentation des BFH-Urteils vom 31. 3. 1976, in dem entschieden wurde, daß auch die rechtsgeschäftliche Aufhebung des Erbbaurechts grunderwerbssteuerpflichtig sei.

285 Letztendlich lehnt der BFH diese Beurteilung ab. Er ist der Auffassung, daß weder das Erlöschen des Erbbaurechts durch Zeitablauf noch der damit verbundene Übergang des Eigentums an dem auf dem Erbbaurecht von dem Erbbauberechtigten errichteten Bauwerk auf den Grundstückseigentümer der Grunderwerbssteuer unterliegen. Im Falle des Erlöschens des Erbbaurechts infolge Zeitablaufs räume der Erbbauberechtigte dem Grundstückseigentümer insbesondere keine ihm noch zustehende Berechtigung an dem Erbbaurecht ein. Es erlischt vielmehr mit dem Eintritt des Endtermins, weil es dem Erbbauberechtigten von vorneherein nur mit diesem Inhalt eingeräumt war. Das Erbbaurecht sei mit dem zu seinem Inhalt gehörenden Zeitablauf beendet, es sei damit verbraucht. Ein Übergang einer Erbbauberechtigung auf den Grundstückseigentümer finde nicht statt. Hierin liege auch der entscheidende Unterschied zu der BFH Entscheidung bezüglich der rechtsgeschäftlichen Aufhebung des Erbbaurechts. Darüber hinaus komme dem Erlöschen des Erbbaurechts durch Zeitablauf auch nicht deshalb die Bedeutung eines der Grunderwerbssteuer unterliegenden Rechtsvorgangs zu, weil der Grundstückseigentümer dem Erbbauberechtigten eine Entschädigung für das Bauwerk zu leisten habe (§ 27 Abs. 1 Satz 1 ErbbauVO) oder weil, zulässigerweise nach § 27 Abs. 1 Satz 2 ErbbauVO vereinbart war, daß das Bauwerk entschädigungslos auf den Eigentümer übergeht. Das Finanzamt verkenne, daß es auf die tatbestandliche Voraussetzung des § 1 GrEStG ankomme und nicht entscheidend sei, ob ein Vorgang einen Wertzufluß auslöse.

286 Auch hinsichtlich des Bauwerks ergibt sich nach Auffassung des BFH kein Vorgang gem. § 1 Abs. 2 GrEStG. Das von dem Erbbauberechtigten in Ausübung seines Rechts errichtete Bauwerk sei kein Gebäude auf fremden Boden. Der Erbbauberechtigte errichtet das Bauwerk im Verhältnis zum Grundstückseigentümer nicht auf fremden, sondern auf eigenen Boden, nämlich „auf dem Erbbaurecht". Das aufgrund des Erbbaurechts errichtete Bauwerk werde wesentlicher Bestandteil des Erbbaurechts. Als solcher gehe das Bauwerk beim Erlöschen des Erbbaurechts durch Zeitablauf nicht aufgrund einer Verwertungsbefugnis des Erbbauberechtigten im Sinne des § 1 Abs. 2 GrEStG auf die Grunderwerbssteuer über. Vielmehr trete eine andere Zuordnung des Bauwerks zum Grundstück kraft Gesetzes ein.

Abschnitt B: Rechtsprechungslexikon

Nachfolgend sind in alphabetischer Reihenfolge Stichwörter sowie Kernaussagen einschlägiger Entscheidungen zu speziellen Einzelproblemen dargestellt.   287

Ankaufspflicht

Die Formularklausel in einem Wohnzwecken dienenden Erbbaurechtsvertrag, daß der Erbbauberechtigte – nach Ablauf von zehn Jahren – jederzeit auf Verlangen des Grundstückseigentümers zum Ankauf des Erbbaugrundstücks verpflichtet ist, ist wegen unangemessener Benachteiligung des Erbbauberechtigten unwirksam. Dies gilt auch, wenn der Vertrag schon vor Einführung des AGB-Gesetzes geschlossen worden ist.

BGH v. 17. 5. 1991, V ZR 140/90, BGHZ 114, 338 = NJW 1991, 2141 = DNotZ 1992, 106.

Anpassungsklausel

Hinsichtlich der Frage, nach welchen Bezugszeitpunkten die für die Ermittlung der Entwicklung der „allgemeinen wirtschaftlichen Verhältnisse" maßgebenden Komponenten zu beurteilen sind, kommt es nicht auf die in § 9 a ErbbauVO für die Ermittlung der Obergrenze einer zulässigen Erhöhung getroffene Regelung an, sondern allein auf den im Erbbaurechtsvertrag ausgedrückten Parteiwillen. § 9 a Abs. 1 Satz 2 ErbbauVO ist nur von Bedeutung für die nach ihr vorzunehmende Billigkeitsprüfung und greift nicht ein, soweit es um die Frage geht, ob und in welchem Umfang eine vertraglich vereinbarte Anpassungsklausel einen Erhöhungsanspruch gibt (im Anschluß an BGH, Urt. v. 29. 4. 1982, V ZR 31/81, WM 1982, 765).

BGH, v. 17. 10. 1986, V ZR 268/85, WM 1987, 19.

Zur Auslegung einer Erbbauzinsanpassungsklausel unter dem Gesichtspunkt, von welchem Anfangszeitpunkt an die für eine Erhöhung maßgebenden Kriterien beurteilt werden sollen. Wird bei Weitergeltung der im Erbbaurechtsvertrag vereinbarten Anpassungsklausel durch Vereinbarung der Erbbauzins dadurch auf eine neue Basis gestellt, daß bei nominell gleichbleibendem Erbbauzins das Erbbaurecht auf ein weiteres Grundstück erstreckt wird, so ist unter Vertragsabschluß i. S. d. § 9a Abs. 1 Satz 2 ErbbauVO diese Vereinbarung zu verstehen.

BGH v. 26. 2. 1988, V ZR 155/86, DNotZ 1989, 353 = NJW-RR 1988, 775 = Rpfleger 1988, 356 = DB 1988, 1694.

Die vom Schiedsgutachter aufgrund vertraglicher Anpassungsklausel festgesetzte Erbbauzinserhöhung ist nicht offenbar unbillig, wenn diese Leistungsbestimmung nur um 16,79 % über dem vom Gericht für angemessen gehaltenen Ergebnis liegt. Ist für den Umfang der Erbbauzinsanpassung das Ausmaß des Wertanstiegs des Erbbaugrundstücks vereinbarter Bezugsmaßstab (hier bei einem gewerblichen Zwecken dienenden Erbbaurecht), so ist auch derjenige Teil der Werterhöhung zu berücksichtigen, der vor einer früheren Anpassung durch Erschließungsmaßnahmen auf Kosten des Erbbauberechtigten eingetreten ist.

BGH v. 26. 4. 1991, V ZR 61/90, NJW 1991, 2761.

Ist eine vereinbarte Voraussetzung für eine Anpassung des Erbbauzinses eine „erhebliche" oder „wesentliche" Änderung der allgemeinen wirtschaftlichen Verhältnisse (der Lebenshaltungskosten und der Einkommen), so genügt eine Änderung um mehr als 10 %. Das gilt auch, wenn die Anpassung davon abhängt, daß der bisherige Erbbauzins nicht mehr eine angemessene Vergütung für die Nutzung des Erbbaugrundstücks darstellt, und sich dies nach Treu und Glauben beurteilen soll.

BGH v. 3. 2. 1995, V ZR 222/93, NJW 1995, 1360 = MittRhNotK 1995, 203 = DB 1995, 1272.

Bauwerk

Ein Erbbaurecht mit dem Inhalt, auf dem Grundstück „Gebäude aller Art in Übereinstimmung mit dem zu erstellenden Bebauungsplan" errichten zu dürfen, ist zulässig. Das Erbbaurecht geht nicht unter, wenn sich die Erwartung der Bebaubarkeit zerschlägt. Beim Kauf eines sich auf Bauerwartungsland beziehenden Erbbaurechts trägt i.d.R. der Käufer das Risiko, ob und wann das Grundstück bebaubar wird.

BGH v. 12. 6. 1987, V ZR 91/86, BGHZ 101, 143 = NJW 1987, 2674 = DNotZ 1988, 161 = WM 1987, 1175 = Rpfleger 1987, 361.

Ein Erbbaurecht kann mit dem Inhalt bestellt werden, daß der Erbbauberechtigte jede baurechtlich zulässige Art von Bauwerken errichten darf (Fortführung von BGHZ 101, 143).

BGH v. 22. 4. 1994, V ZR 183/93, BGHZ 126, 12 = NJW 1994, 2024 = WM 1994, 1220 = DNotZ 1994, 886.

Ein Erbbaurecht kann mit dem Inhalt bestellt werden, daß auf dem belasteten Grundstück ein Golfplatz zu errichten ist. Eine Golfanlage als Ganzes stellt ein Bauwerk i.S.d. ErbbauVO dar und kann deshalb Gegenstand eines Erbbaurechts sein.

BGH v. 10. 1. 1992, V ZR 213/90, BGHZ 117, 19 = NJW 1992, 1681 = DNotZ 1992, 566 = Rpfleger 1992, 286.

Inhalt eines Gesamterbbaurechts kann auch das Haben eines landwirtschaftlichen Betriebes sein, wenn im Vordergrund der Erbbaurechtsstellung die Bewirtschaftung und Erhaltung der vorhandenen oder zu errichtenden Wohn- und Wirtschaftsgebäude steht und die nicht überbauten Grundstücke als Nutzungsflächen i.S.d. § 1 Abs. 2 ErbbauVO anzusehen sind.

OLG Jena v. 12. 12. 1995, 6 W 297/95, OLG-NL 1996, 154 = FGPrax 1996, 45.

Beginn des Erbbaurechts

Die Angabe eines Datums in einem Erbbaurechtsvertrag für den Beginn des Erbbaurechts, das vor dem Datum der Eintragung in das Grundbuch liegt, hindert die Eintragung des Erbbaurechts im Grundbuch dann nicht, wenn durch Auslegung ermittelt werden kann, daß die Vereinbarung des Anfangsdatums nur schuldrechtlich wirken soll.

BayObLG, v. 14. 2. 1991, BReg. 2 Z 158/90, NJW-RR 1991, 718.

Besichtigungsrecht

Ist der Erbbauberechtigte zu bestimmter Verwendung und Instandhaltung des Gebäudes verpflichtet, so kann mit dinglicher Wirkung ein Besichtigungsrecht des Grundstückseigentümers vereinbart und eingetragen werden.

LG Regensburg, v. 4. 3. 1991, 5 T 18/91, Rpfleger 1991, 363.

Entschädigung

Der Vergütungsanspruch aus § 32 ErbbauVO entsteht erst mit Erfüllung des Heimfallanspruchs durch Einigung und Grundbucheintragung (insoweit Abweichung von BGH, Urt. v. 6. 2. 1976, V ZR 191/74, NJW 1976, 895). Erst damit geht auch die Haftung für die durch ein Grundpfandrecht gesicherte persönliche Schuld des Erbbauberechtigten nach § 33 Abs. 2 ErbbauVO auf den Grundstückseigentümer über.

BGH, v. 2. 4. 1990, V ZR 301/88, BGHZ 111, 154 = NJW 1990, 2067 = DNotZ 1991, 393 = Rpfleger 1990, 350.

Der für die Höhe der Heimfallvergütung maßgebende Wert des Erbbaurechts ist nicht nur im Rahmen des § 32 Abs. 2 Satz 3 ErbbauVO, sondern generell nach den Verhältnissen im Zeitpunkt der Erfüllung des Heimfallanspruchs zu ermitteln, wenn nichts anderes vereinbart ist.

BGH v. 22. 11. 1991, V ZR 187/90, BGHZ 116, 161, NJW 1992, 1454 = DNotZ 1992, 361.

Erbbauzinsänderung

Nachträgliche Vereinbarungen über Änderungen des Erbbauzinses bedürfen nicht nach § 11 Abs. 2 ErbbauVO i.V.m. § 313 BGB der notariellen Beurkundung.

BGH v. 18. 10. 1985, V ZR 144/84, NJW 1986, 932.

Erbbauzinserhöhung

§ 9 a Abs. 1 Satz 5 ErbbauVO schließt die Erhöhung eines Erbbauzinses für die Zeit vor Ablauf von drei Jahren seit Vertragsabschluß zwingend aus (Fortführung von BGH, Urt. v. 14. 7. 1982, V ZR 88/81, NJW 1983, 986).

BGH v. 23. 9. 1988, V ZR 145/87, NJW-RR 1989, 138 = WM 1988, 1729 = Rpfleger 1989, 57.

Die Veräußerung des Erbbaurechts berührt den Anspruch des Bestellers gegen den Veräußerer auf Erhöhung des Erbbauzinses wegen Wegfalls der Geschäftsgrundlage nicht. Dies gilt auch dann, wenn das Geschäft des Veräußerers mit dem Dritten nicht auf die Erzielung von Gewinn angelegt ist. Verkauft der Erbbauberechtigte sein Erbbaurecht und wird er von dem Besteller wegen Wegfalls der Geschäftsgrundlage auf eine Erhöhung des Erbbauzinses in Anspruch genommen, so kann ihm aufgrund ergänzender Auslegung des Kaufvertrages gegen den Käufer ein Anspruch auf Freistellung von dem erhöhten Zins zustehen.

BGH v. 4. 5. 1990, V ZR 21/98, BGHZ 111, 214 = NJW 1990, 2620, DNotZ 1991, 381 = BB 1990, 2294.

Für die Erhöhung des Erbbauzinses infolge Wegfalls der Geschäftsgrundlage ist die seit Vertragsabschluß eingetretene Entwicklung des Bodenwerts maßgebend, wenn diese hinter der Änderung der allgemeinen wirtschaftlichen Verhältnisse zurückgeblieben ist. Die Anpassung des Erbbauzinses muß von dem vereinbarten prozentualen Wertverhältnis zwischen Erbbauzins und Bodenwert ausgehen, wird aber durch das Ausmaß der Änderung der allgemeinen wirtschaftlichen Verhältnisse begrenzt.

BGH v. 18. 9. 1992, V ZR 116/91, BGHZ 119, 220 = NJW 1993, 52 = DNotZ 1993, 509 = Rpfleger 1993, 108.

Ohne konkrete anderweitige Anhaltspunkte ist davon auszugehen, daß bis zu einem Geldwertschwund um 3/5 der Erbbaurechtsbesteller bei Vertragsabschluß das Risiko übernommen hat; desgleichen ist bis zu dieser Grenze der vereinbarte Erbbauzins grundsätzlich noch als wenigstens annähernd ausreichende Gegenleistung für das Erbbaurecht anzusehen (Ergänzung von BGHZ 91, 32 und BGHZ 91, 257). Hinsichtlich der Frage nach dem Umfang des vom Erbbaurechtsbesteller bei Vertragsabschluß übernommenen Risikos und nach der Zumutbarkeit des Festhaltens an dem vereinbarten Erbbauzins gelten für die Erbbaurechte, die zu gewerblichen Zwecken genutzt werden, dieselben Grundsätze wie für Erbbaurechte, die Wohnzwecken dienen. Bei der Beurteilung, ob eine einen Anspruch auf Erbbauzinserhöhung wegen Wegfalls der Geschäftsgrundlage rechtfertigende Äquivalenzverschiebung eingetreten ist, ist auch dann der gesamte Zeitraum seit Abschluß des schuldrechtlichen Erbbaurechtsbestellungsvertrags zu berücksichtigen, wenn das Erbbaurecht veräußert worden ist, sofern der Erwerber in die sich aus dem erwähnten Vertrag für den Erbbaurechtsnehmer ergebenden Pflichten eingetreten ist.

BGH v. 21. 2f. 1986, V ZR 195/84, BGHZ 97, 171 = Rpfleger 1986, 256 = WM 1986, 525.

Heimfall

Außerhalb der Rechtswirkungen des § 6 Abs. 2 ErbbauVO kann in einem Erbbaurechtsbestellungsvertrag vereinbart werden, daß eine Zuwiderhandlung des Erbbauberechtigten gegen die übernommene Verpflichtung, das Erbbaurecht nicht ohne Zustimmung des Eigentümers mit anderen dinglichen Rechten als den in § 5 Abs. 2 ErbbauVO genannten zu belasten, einen Heimfallanspruch begründet.

OLG Hamm v. 9. 8. 1986, 15 W 277/85, OLGZ 86, 14.

Ist im Zeitpunkt der Ausübung des Heimfallsrechts die dafür vertraglich vorausgesetzte Pflichtverletzung gegeben, so verstößt die Durchsetzung dieses Rechts grundsätzlich nicht deswegen gegen Treu und Glauben, weil der Erbbauberechtigte die verletzte Pflicht nachgeholt hat.

BGH v. 29. 1. 1988, V ZR 271/86, DB 1988, 1694 = NJW-RR 1988, 715.

Hat der Grundstückseigentümer die Zustimmung zu der für die Aufnahme eines Baukredits nötigen Belastung des Erbbaurechts grundlos verweigert, kann die Ausübung des wegen nicht fristgerechter Bebauung entstandenen Heimfallansprüche gegen Treu und Glauben verstoßen, obwohl der Erbbauberechtigte gerichtliche Ersetzung der Zustimmung (§ 7 Abs. 3 ErbbauVO) nicht beantragt hat.

BGH v. 11. 12. 1992, V ZR 131/91, DNotZ 1993, 593 = NJW-RR 1993, 465.

Nacherbenvermerk

Der durch § 10 ErbbauVO geforderten Eintragung des Erbbaurechtes zur ausschließlich ersten Rangstelle steht ein in der zweiten Abteilung voreingetragener Nacherbenvermerk nicht entgegen.

OLG Hamm v. 5. 1. 1989, 15 W 244/88, NJW-RR 1989, 717.

Nutzungsentschädigung

Ein schuldrechtlicher Erbbauzinsanspruch geht bei Veräußerung des Grundstücks nicht schon entsprechend § 571 BGB auf den Erwerber über. Ein nur mit schuldrechtlicher Wirkung vereinbarter Erbbauzins unterliegt nicht dem Zinseszinsverbot aus § 289 Satz 1 BGB.

BGH v. 24. 1. 1992, V ZR 267/90, NJW-RR 1992, 591 = BB 1992, 598 = DNotZ 1992, 364.

Vertragsstrafe

Eine als Inhalt des Erbbaurechts vereinbarte Verpflichtung zur Zahlung einer Vertragsstrafe wirkt gegen den Ersteher des Erbbaurechts nur dann, wenn auch die strafbewehrte Hauptverpflichtung zulässiger Erbbaurechtsinhalt ist.

BGH v. 24. 11. 1989, V ZR 16/88, BGHZ 109, 230 = NJW 1990, 832.

Vorkaufsrecht

§ 313 BGB ist nach § 11 Abs. 1 Satz 1 ErbbauVO auf das Erbbaurecht entsprechend anwendbar, so daß die Einräumung des Vorkaufsrechts am Erbbaurecht der notariellen Beurkundung bedarf.

BGH v. 7. 11. 1990, XII ZR 11/89, NJW-RR 1991, 205.

Wertsicherung

Soll sich vereinbarungsgemäß der Erbbauzins erhöhen, wenn sich die allgemeinen wirtschaftlichen Verhältnisse derart nachhaltig ändern, daß der bisherige Erbbauzins dem Eigentümer nach Treu und Glauben nicht mehr zumutbar ist, so genügt dafür jedenfalls eine Änderung um mehr als 20 % (hier bezogen auf den vom Tatrichter gewählten Maßstab der Entwicklung der Lebenshaltungskosten und der Einkommen). Ist vereinbarte Voraussetzung einer Anpassung des Erbbauzinses eine Änderung der allgemeinen wirtschaftlichen Verhältnisse, so ist auch die Entwicklung in dem zum Zeitpunkt der Erhöhung schon abgelaufenen Teil eines Kalenderjahres einzubeziehen. Bei einem nicht Wohnzwecken dienenden Erbbaurecht darf an die Prüfung, ob seit der letzten Erhöhung des Erbbauzinses die vereinbarte Anpassungsvoraussetzung einer Änderung der allgemeinen wirtschaftlichen Verhältnisse erneut eingetreten ist, nicht ein Maßstab angelegt werden, der überhöhte frühere Anpassungen ausgleicht.

BGH v. 24. 4. 1992, V ZR 52/91, NJW 1992, 2088 = MittBayNot 1992, 264 = BB 1992, 1238.

Wertsicherungsklausel

Seit der Änderung von § 9 Abs. 2 ErbbauVO durch das Sachenrechtsänderungsgesetz kann eine echte, automatisch wirkende Gleitklausel zum Inhalt einer Erbbauzins-Reallast gemacht werden.

BayObLG v. 18. 7. 1996, 2Z BR 73/96, NJW 1997, 468 = VIZ 1997, 170.

Zustimmung

Der Grundstückseigentümer kann die nach dem vereinbarten Inhalt des Erbbaurechts erforderliche Zustimmung zur Veräußerung (§§ 5, 7 ErbbauVO) wegen wesentlicher Beeinträchtigung des mit der Erbbaurechtsbestellung verfolgten Zwecks verweigern, solange nicht sichergestellt ist, daß der Erwerber alle Verpflichtungen des bisherigen Erbbauberechtigten in bezug auf den Erbbauzins – auch soweit sie nur schuldrechtlicher Art sind – übernimmt.

OLG Celle v. 15. 10. 1982, 4 U 145/82, DNotZ 1984, 387.

Hat sich der Grundstückseigentümer die Zustimmung zu Belastungen des Erbbaurechts vorbehalten, so ist die Eintragung einer Zwangssicherungshypothek ohne eine solche Zustimmung wirksam, und zwar unabhängig davon, ob die Zustimmung zur Belastung mit Rechten für den Zwangshypothekengläubiger bereits als erteilt angesehen werden kann.

OLG Celle v. 26. 7. 1984, 4 W 118/84, Rpfleger 1985, 22.

Der die Zwangsversteigerung eines Erbbaurechts betreibende Gläubiger ist berechtigt, den Anspruch aus § 7 Abs. 1 Satz 1 ErbbauVO auf Zustimmung zur Veräußerung des Erbbaurechts geltend zu machen und die gerichtliche Ersetzung der verweigerten Zustimmung nach § 7 Abs. 3 ErbbauVO zu beantragen. Mit der Bestellung eines Erbbaurechts verfolgter Zweck i.S.d. § 7 Abs. 1 Satz 1 ErbbauVO kann auch die Erzielung von Erbbauzins sein. Hat der Grundstückseigentümer der Belastung des Erbbaurechts mit einem gegenüber der Erbbauzinsreallast vorrangigen Grundpfandrecht zugestimmt und wird aus diesem Grundpfandrecht die Zwangsversteigerung betrieben, so wird die nach §§ 5 Abs. 1, 8 ErbbauVO für den Zuschlag erforderliche

Zustimmung des Grundstückseigentümers ohne ausreichenden Grund i.S.d. § 7 Abs. 3 Satz 1 ErbbauVO verweigert und ist nach § 7 Abs. 3 ErbbauVO zu ersetzen, wenn die Verweigerung der Zustimmung lediglich darauf gestützt wird, daß die Erbbauzinsreallast infolge des Zuschlags erlischt und daß der Meistbietende nicht bereit ist, in die schuldrechtlichen Verpflichtungen des zahlungsunfähigen Erbbauberechtigten hinsichtlich des Erbbauzinses einzutreten.

BGH v. 26. 2. 1987, V ZR 10/86, BGHZ 100, 107 = NJW-RR 1987, 968 = MittBayNot 1987, 194 = Rpfleger 1987, 320.

Ordnungsgemäßer Wirtschaft i.S.d. § 7 Abs. 2 ErbbauVO entspricht es nicht, wenn ein Darlehen am Erbbaurecht dinglich gesichert werden soll, das bis zum Tod des Erbbauberechtigten tilgungsfrei gestellt ist.

OLG Hamm v. 22. 5. 1990, 15 W 77/90, NJW-RR 1991, 20.

Hat der Grundstückseigentümer die Zustimmung zu der für die Aufnahme eines Baukredits nötigen Belastung des Erbbaurechts grundlos verweigert, kann die Ausübung des wegen nicht fristgerechter Bebauung entstandenen Heimfallanspruchs gegen Treu und Glauben verstoßen, obwohl der Erbbauberechtigte gerichtliche Ersetzung der Zustimmung nicht beantragt hat.

BGH v. 11. 12. 1992, V ZR 131/91, NJW-RR 1993, 465 = DNotZ 1993, 593 = MDR 1993, 644.

Der Grundstückseigentümer kann, wenn nichts anderes vereinbart ist, vom Erbbauberechtigten nicht Erstattung der Kosten des notariellen Entwurfs der Zustimmung zur Belastung des Erbbaurechts mit einer Grundschuld verlangen.

BGH v. 10. 2. 1994, V ZB 42/93, BGHZ 125, 105 = NJW 1994, 1159 = DNotZ 1994, 883.

Die Zustimmungsbefugnis nach § 5 ErbbauVO steht dem jeweiligen Grundstückseigentümer zu; bei einem Eigentumswechsel vor Eingang des Umschreibungsantrags beim Grundbuchamt wird die vom Rechtsvorgänger erteilte Zustimmung wirkungslos.

OLG Düsseldorf v. 20. 3. 1996, 3 Wx 33/96, FGPrax 1996, 125.

Der Bauunternehmer, der die Belastung eines Erbbaurechts mit einer Bauunternehmersicherungshypothek anstrebt, ist berechtigt, die gerichtliche Ersetzung der Zustimmung nach § 7 Abs. 3 ErbbauVO zu beantragen. Das

Ersetzungsverfahren setzt nicht voraus, daß der Bauunternehmer den Anspruch auf Bestellung der Hypothek zuvor gerichtlich durchsetzt.

BayObLG v. 19. 12. 1996, 3Z BR 92/96, Rpfleger 1997, 256 = NJW-RR 1997, 591.

Zustimmungspflicht

Die Zustimmungsverpflichtung des Grundstückseigentümers kann sich bei Fehlen entsprechender vertraglicher Regelungen aus dem Gebot von Treu und Glauben ergeben, wenn und soweit die Gebäudeveränderungen für den Grundstückseigentümer zumutbar sind, insbesondere wenn sie sich unter Berücksichtigung der Zweckbestimmung des Gebäudes im Rahmen des – bei einer Nutzung über mehrere Jahrzehnte – Üblichen und Normalen halten und berücksichtigenswerte Interessen des Grundstückseigentümers nicht entgegenstehen (s. auch BGHZ 48, 296).

BGH v. 30. 4. 1986, V ZR 80/85, NJW-RR 1986, 1269 = WM 1986, 1093.

Abschnitt C: Arbeits- und Beratungshilfen

Muster 1: Erbbaurechtsvertrag 288

Heute, den ... erschienen vor mir, ..., Notar ..., in der Geschäftsstelle in ...

1. Herr ...
2. Herr ...

Die Erschienen wiesen sich aus durch Vorlage ihrer amtlichen Personalausweise.

Auf Ansuchen der Erschienen beurkunde ich ihre bei gleichzeitiger Anwesenheit vor mir abgegebenen Erklärungen gemäß folgendem

Erbbaurechtsvertrag.

I. Grundbuchstand

Im Grundbuch des AG ... für ...

Band ... Blatt ... ist im Eigentum des Herrn ...

folgender Grundbesitz eingetragen:

Flurstück-Nr. ...

Dieser Grundbesitz ist in Abt. II und III unbelastet.

II. Erbbaurechtsbestellung

Herr ...

- nachstehend als „Grundstückseigentümer" bezeichnet –

bestellt hiermit für Herrn ...

- nachstehend als „Erbbauberechtigter" bezeichnet –

an dem in Ziff. I beschriebenen Grundbesitz ein

Erbbaurecht

mit dem in dieser Urkunde niedergelegten Inhalt und i.ü. nach Maßgabe der ErbbauVO.

III. Dinglicher Erbbaurechtsinhalt

Als dinglicher Inhalt des Erbbaurechts i.S.d. §§ 2 ff. ErbbauVO werden die folgenden besonderen Vereinbarungen getroffen:

§ 1 Dauer

Es beginnt mit seiner Eintragung in das Grundbuch und endet am ...

§ 2 Verwendung

Der Erbbauberechtigte ist berechtigt und verpflichtet, unverzüglich und auf eigene Kosten auf dem Grundstück folgendes Bauwerk unter Beachtung aller öffentlich-rechtlichen Vorschriften einschließlich der dazu erforderlichen Nebenanlagen, wie z.B. Straßen, Wege, Garagen etc. zu errichten: Einfamilienhaus mit folgenden baulichen Maßgaben ...

§ 3 Ausübungsbefugnis

Das Erbbaurecht erstreckt sich auch auf den für das Bauwerk nicht erforderlichen Teil des Grundstücks (§ 1 Abs. 2 ErbbauVO), den der Erbbauberechtigte als Zugang, Hofraum, Garten und Grünfläche verwenden kann.

§ 4 Verwendung

Das Bauwerk ist ausschließlich für eigene Wohnzwecke zu verwenden und darf nur der Unterbringung der eigenen Familie dienen. Jede andere Verwendungsart, insbesondere die Ausübung gewerblicher Tätigkeit oder die Vermietung, ist unzulässig. Ausnahmen hiervon bedürfen der schriftlichen Zustimmung des Grundstückseigentümers.

§ 5 Bau- und Unterhaltungsverpflichtung

Der Erbbauberechtigte ist verpflichtet, die in § 2 genannten Gebäude innerhalb von ... Jahren nach Abschluß dieses Vertrags unter Verwendung guter und dauerhafter Baustoffe und unter Beachtung der allgemeinen anerkannten Regeln der Baukunst und der Bauvorschriften zu errichten.

Der Erbbauberechtigte ist weiter verpflichtet, das Bauwerk stets in ordnungsgemäßem Zustand zu halten und die erforderlichen Reparaturen und Erneuerungen unverzüglich auf eigene Kosten vorzunehmen.

Schuldrechtlich wird zusätzlich vereinbart, daß der Grundstückseigentümer berechtigt ist, zu angemessener Tageszeit unter angemessener Ankündigung das Gebäude und Grundstück zu besichtigen oder durch Beauftragte besichtigen zu lassen.

§ 6 Abbruch und Änderungen des Gebäudes

Der Erbbauberechtigte darf das Bauwerk nur mit schriftlicher Zustimmung des Grundstückseigentümers ganz oder teilweise abbrechen oder wesentlich verändern.

§ 7 Versicherung des Bauwerks

Der Erbbauberechtigte ist verpflichtet, sämtliche Bauwerke während der Vertragsdauer sowie die im Bau befindlichen Bauwerke und Anlagen im vollen Wert (Neuwertversicherung) gegen Brand-, Sturm-, Heizöl- und Leitungswasserschäden auf eigene Kosten zu versichern und die Prämien pünktlich zu bezahlen.

Der Erbbauberechtigte ist verpflichtet, auf Verlangen dem Grundstückseigentümer Nachweise hierüber vorzulegen.

§ 8 Wiederaufbauverpflichtung

Werden die Bauwerke während der Dauer des Erbbaurechts – gleich aus welchem Grunde – ganz oder teilweise zerstört, so ist der Erbbauberechtigte verpflichtet, sie auf eigene Kosten unter Berücksichtigung des § 2 wiederherzustellen. Die Wiederherstellung hat innerhalb einer Frist von ... Jahren zu erfolgen. Dabei sind die Versicherungsleistungen in vollem Umfang zur Wiederherstellung zu verwenden.

§ 9 Öffentliche Lasten und Abgaben

Der Erbbauberechtigte hat alle öffentlichen Lasten und Abgaben des Grundstücks, des Erbbaurechts und des Bauwerks zu tragen, insbesondere Grund- und Gebäudesteuern, Straßenreinigungs-, Kanal-, Müllabfuhr-, Kaminkehrer-, Entwässerungskosten etc.. Der Erbbauberechtigte hat auch alle privatrechtlichen Lasten des Erbbaugrundstücks, des Erbbaurechts und des Bauwerks zu tragen, insbesondere die Versicherungsbeiträge. Ausgenommen sind alle gegenwärtigen und künftigen grundbuchmäßigen Belastungen des Erbbaugrundstücks.

Der Erbbauberechtigte hat auch alle Erschließungsbeiträge nach dem BauGB sowie alle Beiträge, Gebühren und Abgaben nach dem KAG für das Erbbaugrundstück, das Erbbaurecht und das Bauwerk zu tragen, soweit die Erschließungsanlagen nicht bereits vor Abschluß des Erbbaurechtsvertrags endgültig hergestellt sind. Gleichgültig ist dabei, wann diese Beiträge und Kosten fällig und wem sie in Rechnung gestellt werden. Auf die Haftung des Erwerbers für die Beitragsschuld und die eventuell hiermit verbundene Vorleistung wurde hingewiesen. Vorausleistungen werden mit der endgültigen Beitragsschuld verrechnet. Sie sind im Innenverhältnis insofern zu erstatten, soweit der Leistende nicht zur Tragung der Kosten verpflichtet ist.

§ 10 Zustimmung

Der Erbbauberechtigte bedarf in den nachfolgend genannten Fällen der schriftlichen Zustimmung des Grundstückseigentümers:

1. bei jeder Veräußerung des Erbbaurechts oder Teilen hiervon, außer in den Fällen der Zwangsversteigerung aus einem Grundpfandrecht, dessen Eintragung der Grundstückseigentümer zugestimmt hat;

2. bei jeder Belastung des Erbbaurechts mit einer Hypothek, Grund- oder Rentenschuld, Reallast oder mit einem Dauerwohn- oder Dauernutzungsrecht sowie zur Änderung des Inhalts eines dieser Rechte, wenn die Änderung eine weitere Belastung des Erbbaurechts enthält;

3. zur wesentlichen Veränderung oder zum ganzen oder teilweisen Abbruch des Bauwerks und der Nebenanlagen.

§ 11 Heimfall

Der Erbbauberechtigte ist verpflichtet, das Erbbaurecht dem Grundstückseigentümer oder einem von diesem zu benennenden Dritten auf Verlangen kostenfrei zu übertragen (Heimfall), wenn

1. er schuldhaft gegen die Bestimmungen der §§ 2, 4 - 9 verstößt und trotz einer Mahnung, die auf die Geltendmachung des Heimfallanspruchs hinweist, nicht innerhalb von spätestens zwei Monaten seit Zugang die beanstandete Vertragsbestimmung ordnungsgemäß erfüllt;

2. er mit der Zahlung des Erbbauzinses mit mehr als zwei Jahresraten im Rückstand bleibt;

3. über das Vermögen des Erbbauberechtigten das Insolvenzverfahren nach der InsO eröffnet wird oder die Eröffnung mangels Masse abgelehnt wird;

4. die Zwangsversteigerung oder Zwangsverwaltung des Erbbaurechts angeordnet wird;

5. ein Veräußerungsvertrag über das Erbbaurecht abgeschlossen wurde, ohne daß der Erwerber in alle schuldrechtlichen Verpflichtungen aus diesem Erbbaurechtsvertrag mit einer Verpflichtung zur Weiterübertragung eingetreten ist.

§ 12 Entschädigung bei Heimfall oder Zeitablauf

Endet das Erbbaurecht durch Zeitablauf oder macht der Grundstückseigentümer von seinem Heimfallanspruch Gebrauch, so ist dem Erbbauberechtigten eine Entschädigung zu bezahlen.

Die Entschädigung beträgt 2/3 des Verkehrswertes, den das Erbbaurecht zum Zeitpunkt des Erlöschens oder der Übertragung aufgrund des Heimfallanspruchs hat.

Einigen sich die Parteien nicht über den Verkehrswert, so ist der Wert von zwei Sachverständigen nach billigem Ermessen i.S.d. § 319 Abs. 1 BGB festzustellen. Jede Partei benennt einen Sachverständigen. Einigen sich diese Sachverständigen nicht, so wählen sie einen Obmann. Kommt es über dessen Person zu keiner Einigung oder ernennt eine Partei auf schriftliche Anforderung der anderen Partei binnen vierzehn Tagen keinen Sachverständigen, so benennt ihn die örtliche Industrie- und Handelskammer. Kommt es auch unter den drei Sachverständigen zu keiner Einigung, so wird das Mittel der drei Schätzgutachter als Wert zugrundegelegt und gilt als zwischen den Beteiligten vereinbart. Die durch das Schätzgutachten entstehenden Kosten tragen die Beteiligten je zur Hälfte.

Die Entschädigung ist am Tag nach dem Erlöschen bzw. beim Heimfall bei Beurkundung der Rückübertragung zinslos zu zahlen.

§ 13 Vorrecht auf Erneuerung

Der Grundstückseigentümer räumt dem Erbbauberechtigten das Vorrecht auf Erneuerung nach Ablauf des Erbbaurechts ein. Die Ausübung des Vorrechts ist ausgeschlossen, wenn der Erbbauberechtigte gegen Bestimmungen dieses Vertrages grob verstoßen hat, wenn er insbesondere seiner Instandhaltungs- und Erneuerungspflicht nicht oder nicht genügend nachgekommen ist.

IV. Erbbauzins

§ 1 Dinglicher Erbbauzins

Der Erbbauberechtigte ist verpflichtet, an den Grundstückseigentümer als laufendes Entgelt für die Dauer des Erbbaurechts einen Erbbauzins zu bezahlen. Der Erbbauzins beträgt jährlich DM ... Dieser wird als Belastung des Erbbaurechts in Form einer Reallast im Grundbuch zugunsten des jeweiligen Grundstückseigentümers eingetragen.

Der Erbbauzins ist jeweils am 1.1. eines jeden Jahres im voraus zur Zahlung fällig, erstmals mit dem 1.1., der der Eintragung im Grundbuch folgt.

§ 2 Schuldrechtliches Nutzungsentgelt

Vom Zeitpunkt des Besitzübergangs bis zum 1.1., der der Grundbucheintragung folgt, vereinbaren die Parteien ein schuldrechtliches Nutzungsentgelt in Höhe des vereinbarten Erbbauzinses. Dieses Nutzungsentgelt ist zeitanteilig zu leisten und zusammen mit dem ersten Erbbauzins fällig.

§ 3 Wertsicherung

Als Inhalt des dinglichen Erbbauzinses wird folgende Wertsicherung vereinbart:

Verändert sich der vom Statistischen Bundesamt ermittelte Preisindex für die Lebenshaltung aller privaten Haushalte auf der Basis von 1995 = 100 gegenüber dem Index für den Monat der Beurkundung der Erbbaurechtsbestellung, so erhöht oder vermindert sich im gleichen prozentualen Verhältnis die Höhe des zu zahlenden Erbbauzinses. Berechnungszeitpunkt ist jeweils der 1. 1. eines Jahres. Die Änderung tritt erstmals nach Ablauf von drei Jahren des auf die Bestellung des Erbbaurechts folgenden 1.1. ein und darauf wieder erst nach Ablauf von drei Jahren nach der jeweils letzten Änderung.

Soweit das Bauwerk für Wohnzwecke benutzt wird, ist § 9 a ErbbauVO einzuhalten: Erhöht sich der Lebenshaltungskostenindex mehr als der Mittelwert des prozentualen Anstiegs der Einkommen der Arbeiter oder Einkommen der Angestellten im gleichen Zeitraum, so tritt eine Erhöhung des Erbbauzinses höchstens um den Prozentsatz ein, der dem Mittelwert des Lebenshaltungskostenanstiegs und dem Anstieg der Einkommen in diesem Sinn entspricht. Die Einkommensverhältnisse sind nach einem Mittelwert der Bruttoeinkünfte von Industriearbeitern sowie der Angestellten in Industrie und Handel zu bestimmen, dabei sind die für die Gesamtbevölkerung der Bundesrepublik Deutschland ausgegebenen Zahlen heranzuziehen. Maßgebende Werte für den Abschluß der Entwicklung sind die Monatsindizes, die vor dem maßgebenden Zeitpunkt zuletzt vom statistischen Bundesamt in Wiesbaden veröffentlicht wurden.

§ 4 Bestehenbleiben in der Zwangsversteigerung

Als Inhalt des dinglichen Erbbauzinses wird weiter vereinbart, daß

- die Reallast abweichend von § 52 Abs. 1 ZVG mit ihrem Hauptanspruch bestehen bleibt, wenn der Grundstückseigentümer aus der Reallast oder der Inhaber eines im Range vorgehenden oder gleichstehenden dinglichen Rechts die Zwangsversteigerung betreibt,

- der jeweilige Erbbauberechtigte dem jeweiligen Inhaber der Reallast gegenüber berechtigt ist, das Erbbaurecht mit der Reallast im Rang vorgehenden Grundschulden oder Hypotheken für beliebige Gläubiger bis zur Höhe von DM ... nebst Zinsen und sonstigen Nebenleistungen von zusammen bis 20% jährlich ab Eintragung des vorbehaltenen Rechts im Erbbaugrundbuch zu belasten.

§ 5 Zwangsvollstreckungsunterwerfung

Der Erbbauberechtigte unterwirft sich wegen der in Ziff. IV §§ 1 und 2 dieses Vertrages eingegangenen Zahlungsverpflichtungen zur Zahlung des Erbbauzinses in seiner wertgesicherten Form und des Nutzungsentgelts der sofortigen Zwangsvollstreckung aus der Urkunde in sein gesamtes Vermögen.

Im Falle der Erhöhung des Erbbauzinses aufgrund der Wertsicherung gem. Ziff. IV § 3 dieser Urkunde ist der Erbbauberechtigte verpflichtet, sich auf Verlangen des Grundstückseigentümers im Hinblick auf den geänderten Betrag in einer notariellen Urkunde der sofortigen Zwangsvollstreckung zu unterwerfen.

Die vollstreckbare Ausfertigung ist auf Antrag ohne Fälligkeitsnachweis dem Eigentümer zu erteilen. Eine Umkehrung der Beweislast soll hiermit nicht verbunden sein.

V. Vorkaufsrecht

Der Grundstückseigentümer räumt dem jeweiligen Erbbauberechtigten am Erbbaugrundstück, der Erbbauberechtigte dem jeweiligen Grundstückseigentümer am Erbbaurecht das dingliche Vorkaufsrecht für alle Verkaufsfälle ein.

VI. Schuldrechtliche Vereinbarung

Schuldrechtlich vereinbaren die Beteiligten folgendes:

§ 1 Gewährleistung

Der Eigentümer haftet für ungehinderten Besitzübergang und dafür, daß das Erbbaurecht die erste Rangstelle erhält. Er ist verpflichtet, die Lastenfreistellung bzw. Rangrücktritte von eingetragenen Rechten unverzüglich auf seine Kosten herbeizuführen.

Der Grundstückseigentümer übernimmt i.ü. keine Haftung dafür, daß die örtliche Behörde der Bebauung zustimmt und daß sich das Erbbaugrundstück für die Errichtung des beabsichtigten Bauwerks und der Anlage eignet. Er haftet auch nicht für Sachmängel, gleich welcher Art, insbesondere nicht für die Bodenbeschaffenheit und die Richtigkeit des angegebenen Flächenmaßes.

§ 2 Besitzübergabe

Die Besitzübergabe zur Ausübung des Erbbaurechts erfolgt am ... Mit diesem Zeitpunkt gehen alle Nutzungen und alle öffentlichen Lasten und Abgaben aller Art des Grundstücks und des Erbbauberechtigten nach Maßgabe von Ziff. III § 9 dieses Vertrages auf den Erbbauberechtigten über. Der Erbbauberechtigte trägt alle Gefahren, die mit dem Besitz des Erbbaurechts und des Erbbaugrundstücks oder dem Verkehr auf demselben zusammenhängen und stellt den Grundstückseigentümer von hieraus erwachsenden Ansprüchen frei. Dem Erbbauberechtigten obliegen die Pflichten zur Reinhaltung der öffentlichen Verkehrsflächen, zur Bestreuung bei Glatteis und zur Beseitigung von Schnee und Eis und alle sonstigen Verkehrssicherungspflichten entsprechend den örtlichen Vorschriften.

§ 3 Kostentragung

Die Kosten dieses Vertrages und seines Vollzugs hat der Erbbauberechtigte allein zu tragen, ebenso die Grunderwerbssteuer. Er trägt auch alle weiteren mit der Durchführung des Vertrages zusammenhängenden Kosten.

§ 4 Rechtsnachfolgeklausel

Soweit die Bestimmungen dieses Vertrages nur schuldrechtlich wirken, verpflichten sich die Vertragsteile, alle Vereinbarungen ihren Rechtsnachfolgern aufzuerlegen und diese wiederum in gleicher Weise zu binden.

§ 5 Schlußbestimmungen

Sollten einzelne Bestimmungen dieses Vertrages unwirksam sein oder werden, so wird dadurch der übrige Inhalt dieser Urkunde nicht berührt. Die Vertragsteile sind verpflichtet, eine etwaige unwirksame Bestimmung durch eine solche zu ersetzen, die wirtschaftlich dem angestrebten Erfolg möglichst nahe kommt.

Im Zuge der Einführung des Euro sind die in diesem Vertrag in DM ausgedrückten Geldbeträge entsprechend dem amtlichen festgelegten Umrechnungskurs in Euro umzurechnen. Die Einführung des Euro berechtigt nicht zum Rücktritt, zur Anfechtung oder zu einer sonstigen Aufhebung oder Änderung oder Anpassung des Vertrages.

Sollte der vom Statistischen Bundesamt festgelegt Preisindex für die gesamte Lebenshaltung aller privaten Haushalte während der Vertragszeit durch einen anderen Index ersetzt werden, so ist dieser Index für die Frage der Wertsicherung entsprechend heranzuziehen. Die Beteiligten verpflichten sich in diesem Fall, eine neue wirtschaftlich entsprechende Wertsicherung zu vereinbaren und als Inhalt der Erbbauzinsreallast im Grundbuch einfügen zu lassen.

§ 6 Ersatzvornahme

Kommt der Erbbauberechtigte seinen Verpflichtungen nach Ziff. III §§ 2, 4–5 des Vertrages trotz einer Aufforderung des Grundstückseigentümers nicht innerhalb einer Frist von zwei Monaten nach, so ist der Grundstückseigentümer berechtigt, die Verpflichtung auf Kosten des Erbbauberechtigten durchführen zu lassen.

VII. Dingliche Einigung, Bewilligungen und Grundbuchanträge

§ 1 Einigung

Die Beteiligten sind über die Bestellung des Erbbaurechts mit dem in Ziff. II der Urkunde festgelegten vertraglichen Inhalt an dem in Ziff. I genannten Grundstück einig.

§ 2 Bewilligung und Anträge

Die Beteiligten bewilligen und beantragen in das Grundbuch einzutragen:

1. an dem Grundstück gem. Ziff. I:

    a) das Erbbaurecht für den Erbbauberechtigten mit den in Nr. III niedergelegten dinglichen Inhalt und die Anlegung eines besonderen Blattes für das bestellte Erbbaurecht,

    b) im Rang nach dem Erbbaurecht das Vorkaufsrecht gem. Ziff. V für den jeweiligen Erbbauberechtigten.

2. Nach Anlegung des Erbbaugrundbuches an dem Erbbaurecht:

    a) den Erbbauzins für den jeweiligen Grundstückseigentümer gem. Ziff. IV mit dem wertgesicherten Inhalt und der Inhaltsbestimmung nach § 9 Abs. 2 und 3 Satz 1 Nr. 1 ErbbauVO zur ersten Rangstelle (Reallast),

    b) das Vorkaufsrecht für den jeweiligen Grundstückseigentümer gem. Ziff. V im Rang nach dem Erbbauzins.

Die Beteiligten geben sämtliche Erklärungen, welche zur Beschaffung der vereinbarten Rangstelle der bestellten Rechte erforderlich sind und bewilligen und beantragen deren Vollzug im Grundbuch.

§ 3 Vollzugsvollmacht

Der amtierende Notar, sein Stellvertreter oder Amtsnachfolger wird beauftragt, die zu diesem Vertrag erforderlichen Genehmigungen einzuholen und für die Beteiligten entgegenzunehmen. Er wird auch beauftragt und bevollmächtigt, den Vollzug dieser Urkunde durchzuführen, Erklärungen zur Durchführung des Rechtsgeschäfts abzugeben und entgegenzunehmen sowie Anträge und Bewilligungen – einzeln und unabhängig voneinander – zu stellen, zurückzunehmen, abzuändern oder zu ergänzen. Die Vollzugsmitteilung wird für alle Beteiligten an den beurkundenden Notar gebeten.

Muster 2: Kaufvertrag über ein Erbbaurecht

Heute, den ... erschienen vor mir, ..., Notar ..., in der Geschäftsstelle in ...
1. Herr ...
2. Herr ...
Die Erschienen wiesen sich aus durch Vorlage ihrer amtlichen Personalausweise.
Auf Ansuchen der Erschienen beurkunde ich ihre bei gleichzeitiger Anwesenheit vor mir abgegebenen Erklärungen gemäß folgendem

Kaufvertrag über ein Erbbaurecht

I. Sachstand

Im Erbbaugrundbuch des AG ... für die Gemeinde ...
Blatt ... sind ... als Berechtigte des Erbaurechts an dem Grundstück Gemarkung
Flurstück-Nr. ...
eintragen ...
Das Erbaurecht ist im Grundbuch wie folgt belastet:
Abteilung II:
Erbbauzins zu jährlich DM ...
Vorkaufsrecht für alle Vorkaufsfälle je für den jeweiligen Eigentümer des Erbbaugrundstücks Flurstück-Nr. ...
Abteilung III:
100.000 DM Buchgrundschuld zugunsten der ... Bank
Eigentümer des mit dem Erbbaurecht belasteten Grundstücks ist Herr ....
Das Erbbaurecht besteht auf die Dauer von 99 Jahren seit dem
....
Die Berechtigten des Erbbaurechts erklären, daß der Erbbauzins derzeit DM ... jährlich beträgt.

II. Verkauf

Herr ...
– künftig „Veräußerer" genannt –
verkaufen
das in Ziffer I aufgeführte Erbbaurecht samt allen Bestandteilen und dem Zubehör
an Herrn ...
– künftig „Erwerber" genannt –
zum Alleineigentum.

Mitverkauft und im nachbezeichneten Kaufpreis enthalten sind folgende bewegliche Gegenstände:
....
Hierfür ist im nachbezeichneten Kaufpreis ein Betrag von DM ... enthalten.

III. Gegenleistung und Vereinbarungen

1. Der Kaufpreis beträgt DM ...
   – Deutsche Mark ... –.
   Er ist fällig innerhalb von 14 Tagen, nachdem der amtierende Notar dem Erwerber schriftlich bestätigt hat, daß
   a) die Vormerkung zugunsten des Erwerbers im Erbbaugrundbuch im Rang nach den derzeit eingetragenen Belastungen oder zusätzlich mit Rang nach Belastungen, die von dem Erwerber zur Finanzierung des Kaufpreises aufgenommen werden, eingetragen ist;
   b) der Eigentümer des mit dem Erbbaurecht belasteten Grundstücks diesem Vertrag und der Bestellung eines Finanzierungsgrundpfandrechtes in Höhe von DM ... vorbehaltlos in öffentlich beglaubigter Form zugestimmt und erklärt hat, von seinem Vorkaufsrecht für diesen Verkaufsfall keinen Gebrauch zu machen;
   c) die Lastenfreistellungsunterlagen der Gläubiger und Berechtigten der Rechte, die von dem Erwerber nicht übernommen werden und Rang vor der Auflassungsvormerkung des Erwerbers haben, in grundbuchmäßiger Form vorliegen und die Gläubiger und Berechtigten für die freie Verwendung dieserUnterlagen insgesamt keine größeren Zahlungen an sich verlangen als den Kaufpreis.

Der Notar wird gebeten, dem Veräußerer von der Fälligkeitsmitteilung Kenntnis zu geben.

Der Veräußerer und der Erwerber vereinbaren, daß der Kaufpreis in Höhe der von den Gläubigern der oben bezeichneten Grundpfandrechte schriftlich gegenüber dem Notar zu beziffernden Ablösebeträge direkt an diese zu zahlen ist. Die Gläubiger sollen durch diese Vereinbarung keinen unmittelbaren Anspruch auf Zahlung des Kaufpreises an sich, sondern nur einen Anspruch auf Zahlung an die Gläubiger.

Ab Fälligkeit ist ein nicht bezahlter Kaufpreisteil unbeschadet aller sonstigen Ansprüche mit jährlich 5% – fünf vom Hundert – über dem jeweiligen Basiszinssatz zu verzinsen, ohne daß damit eine Stundung verbunden ist.

Für die Zahlung des Kaufpreises unterwirft sich der Erwerber der sofortigen Zwangsvollstreckung aus dieser Urkunde in das gesamte Vermögen. Für die Erteilung der vollstreckbaren Ausfertigung bedarf es nicht des Nachweises der die Fälligkeit begründenden Tatsachen. Mehrere Verpflichtete haften als Gesamtschuldner.

Sämtliche Eigentümerrechte und Rückgewähransprüche im weitesten Sinne aus den in Abt. III des Grundbuches eingetragenen und noch einzutragenden Rechten werden an den Erwerber unter der Bedingung abgetreten, daß er den Kaufpreis zahlt.

2. Sämtliche Zahlungen müssen bei Fälligkeit beim Empfangsberechtigten eingegangen sein. Der Kaufpreis ist, soweit er nicht zur Lastenfreistellung an abzulösende Gläubiger zu zahlen ist, an den Veräußerer zu überweisen, auf dessen Konto ...

3. Soweit bis zum Ablauf des gestrigen Tages Bescheide oder Rechnungen für Erschließung, nach dem BauGB oder dem Kommunalabgabegesetz bezüglich des Vertragsobjektes ergangen sind, trägt diese der Veräußerer.

Alle weiteren derartigen Kosten und Beiträge gehen zu Lasten des Erwerbers. Rückerstattungsansprüche des Veräußerers infolge Aufhebung oder Änderung von Bescheiden und Rechnungen werden dem Erwerber abgetreten.

4. Die in Abt. II des Grundbuches eingetragenen Rechte werden von dem Erwerber übernommen.

5. Der Veräußerer verpflichtet sich, sämtliche das Vertragsobjekt betreffende Unterlagen, die in seinem Besitz sind und die künftig für den Erwerber Bedeutung haben, diesem unverzüglich auszuhändigen.

6. Der Veräußerer erklärt sich bereit, bei der Bestellung von Grundpfandrechten mitzuwirken.
Die persönliche Haftung und Kosten übernimmt er nicht. In den Erklärungen über die Bestellung dieser Grundpfandrechte muß als Zweck bis zur Zahlung des Kaufpreises bestimmt werden, daß sie nur Beträge sichern, die auf den Kaufpreis geleistet werden. Der Erwerber tritt seine Ansprüche auf Auszahlung der durch die vorbezeichneten Grundpfandrechte abgesicherten Darlehen zahlungshalber an den Veräußerer ab; dieser tritt sie in Höhe der Beträge, die zur Lastenfreistellung des Vertragsobjektes benötigt werden, jeweils weiter an seine Gläubiger ab. Dies gilt nur bis zur Zahlung des Kaufpreises. Soweit eine Abtretung nicht statthaft ist, wird entsprechende unwiderrufliche Anweisung an die Grundpfandgläubiger erteilt, Alle übrigen Rechte und Pflichten aus dem Darlehensverhältnis bleiben beim Erwerber, der auch allein zur Abru-

fung der auszuzahlenden Beiträge befugt ist. Diesem werden ab Zahlung des Kaufpreises bestehende Rückgewährsansprüche bezüglich dieser Grundpfandrechte abgetreten, ebenso Eigentümerrechte, deren Umschreibung im Grundbuch bewilligt wird. Mit Eigentumsumschreibung übernimmt der Erwerber diese Grundpfandrechte in dinglicher Haftung.

Der Veräußerer erteilt dem Erwerber – bei Personenmehrheit jedem für sich – Vollmacht, unter Genehmigung aller für ihn bereits Gehandelten, Grundpfandrechte mit beliebigen Nebenleistungen und vollstreckbar gemäß § 800 ZPO am Vertragsgegenstand zu bestellen, unter der Voraussetzung, daß die Vereinbarungen in Absatz 1 eingehalten werden. Diese Vollmacht kann nur gegenüber dem amtierenden Notar widerrufen werden.

IV. Besitzübergang und Gewährleistung

1. Besitz, Nutzen und laufende Lasten, sowie die Gefahr einer vom Veräußerer nicht verschuldeten Verschlechterung des Vertragsgegenstandes und die Verkehrssicherungspflicht gehen auf den Erwerber über, soweit in dieser Urkunde nichts anderes vereinbart ist, ab dem Tag des Kaufpreiseingangs beim Veräußerer bzw. Ablösegläubiger. Das Vertragsobjekt steht bereits leer.

2. Der Veräußerer haftet für ungehinderten Besitz- und Eigentumsübergang und für Freiheit von im Grundbuch eingetragenen Rechten Dritter außer solchen, die der Erwerber übernommen hat. Er haftet nicht dafür, daß keine altrechtlichen, im Grundbuch nicht eingetragenen Dienstbarkeiten bestehen und daß keine, aus dem Grundbuch nicht ersichtlichen Abstandsflächen übernommen worden sind; ihm sind solche Beeinträchtigungen aber nicht bekannt.

Soweit keine Übernahme erfolgt, verpflichtet sich der Veräußerer zur unverzüglichen Lastenfreistellung; die Vertragsteile stimmen den hierzu erforderlichen Erklärungen zu und beantragen den Vollzug im Grundbuch.

3. Der Vertragsgegenstand wird in seinem derzeitigen Zustand veräußert. Der Veräußerer haftet daher nicht für Sachmängel gleich welcher Art, namentlich nicht für Bauzustand, Bodenbeschaffenheit und Tauglichkeit des Vertragsbesitzes für die Zwecke des Erwerbers. Er versichert jedoch, daß ihm erhebliche, verborgene Mängel nicht bekannt sind. Besondere Eigenschaften, insbesondere eine bestimmte Grundstücksgröße, werden nicht zugesichert.

V. Vormerkung und Auflassung

1. Zur Sicherung des Anspruches des Erwerbers auf Übertragung des Eigentums an dem veräußerten Erbbaurecht wird von dem Veräußerer die Eintragung einer Vormerkung nach § 883 BGB im Grundbuch bewilligt; die Vertagsteile beantragen die Eintragung.

   Bereits heute wird die Löschung dieser Vormerkung gleichzeitig mit der Umschreibung des Erbbaurechts auf den Erwerber im Grundbuch bewilligt und beantragt, vorausgesetzt, daß die Rechte des Erwerbers zu diesem Zeitpunkt nicht durch Zwischeneintragungen beeinträchtigt sind, denen er nicht zugestimmt hat.

2. Die Einigung und Umschreibung des Erbbaurechts auf den Erwerber ist in der beigefügten Anlage 1 enthalten, auf die verwiesen wird und die Bestandteil der Urkunde ist. Die Vertragsteile weisen den Notar an, diesen Vertrag dem Grundbuchamt erst dann zur Eigentumsumschreibung einzureichen, wenn die Zahlung des Kaufpreises nachgewiesen ist. Der Veräußerer ist verpflichtet, dem Notar den Eingang des Kaufpreises schriftlich zu bestätigen. Bei mehreren Veräußerern genügt die Bestätigung durch einen von ihnen. Bis zu diesem Zeitpunkt dürfen beglaubigte Abschriften und Ausfertigungen nur im Auszug, ohne die Anlage, in der die Einigung enthalten ist, erteilt werden.

3. Die Eintragung der Vormerkung und der Auflassung hat im angegebenen Erwerbsverhältnis zu erfolgen. Das gesetzliche Rücktrittsrecht des Veräußerer bei Zahlungsverzug des Erwerbers bleibt in Abweichung von § 454 BGB bestehen.

VI. Eintritt in Erbbaurechtsvertrag

Der Erwerber tritt hiermit in alle dinglichen und schuldrechtlichen Rechte und Pflichten des Erbbaurechtsbestellungsvertrages vom ... zur Urkunde des Notars ... UR.Nr ... vom Zeitpunkt des Besitzüberganges ein und übernimmt alle Verpflichtungen hieraus. Er übernimmt insbesondere den derzeit geltenden Erbbauzins in Höhe von DM ... jährlich ab dem Zeitpunkt des Besitzübergangs und stellt den Veräußerer von jeder Zahlungspflicht frei. Der Erwerber unterwirft sich wegen dieser Zahlungsverpflichtung gegenüber dem Eigentümer des Erbbaugrundstücks, Herrn ..., der sofortigen Zwangsvollstreckung aus dieser Urkunde in das gesamte Vermögen. Für die Erteilung der vollstreckbaren Ausfertigung bedarf es nicht des Nachweises der die Fälligkeit begründenden Tatsachen. Mehrere Verpflichtete haften als Gesamtschuldner.

Der Erwerber verpflichtet sich, alle Verpflichtungen des Erbbaurechtsbestellungsvertrages, die nicht kraft Gesetzes auf einen Rechtsnachfolger übergehen, seinen Rechtsnachfolgern mit Weitergabeverpflichtung aufzuerlegen.

VII. Bestimmungen über Wirksamkeit und Vollzug

1. Es wird gebeten, den Beteiligten und dem Notar Vollzugsmitteilung zu geben.

2. Mitbeteiligte Ehegatten stimmen den Erklärungen in dieser Urkunde zu. Ist nur ein Ehegatte beteiligt und lebt er im gesetzlichen Güterstand, versichert er, daß das beurkundete Rechtsgeschäft nicht im wesentlichen sein ganzes Vermögen erfaßt.

3. Der Notar wird beauftragt und ermächtigt, den Vollzug der vorliegenden Urkunde – auch teilweise – zu betreiben, namentlich Anträge zu stellen, zu ändern und zurückzunehmen, Genehmigungen, Bescheide und Zeugnisse zu erholen, Anfragen und Mitteilungen vorzunehmen und entgegenzunehmen und die notwendige Lastenfreistellung durchzuführen, sowie überhaupt alle zweckdienlichen Rechtshandlungen vorzunehmen. Er wird insbesondere ermächtigt, die Zustimmung des Grundstückseigentümers sowie die Erklärung über den Verzicht auf die Ausübung des Vorkaufsrechts einzuholen.

4. Alle behördlichen und rechtsgeschäftlichen Genehmigungen sollen mit ihrem Eingang beim Notar allen Vertragsteilen gegenüber als mitgeteilt gelten und rechtswirksam sein. Dies gilt nicht für die Versagung von Genehmigungen oder deren Erteilung unter Bedingungen oder Auflagen.

5. Auf Aufnahme weiterer Zwangsvollstreckungsunterwerfungsklauseln wird von den Beteiligten verzichtet.

VIII. Hinweise

Die Beteiligten wurden auf folgendes hingewiesen:

1. Das Erbbaurecht geht erst mit Vollzug der Umschreibung des Erbbaurechts im Grundbuch auf den Erwerber über. Diese Eintragung kann erst erfolgen, wenn die erforderlichen Genehmigungen und die Unbedenklichkeitsbescheinigung des Finanzamtes erteilt und die Kosten bei Ge-

richt und Notar bezahlt sind sowie die Zustimmung des Grundstückseigentümers nach § 5 ErbbauVO vorliegt.

2. Ungesicherte Vorleistungen können für jeden Vertragsteil Gefahren mit sich bringen, insbesondere für den Erwerber, wenn er Zahlungen leistet oder Verwendungen auf den Vertragsbesitz macht, solange nicht das Eigentum vertragsgemäß umgeschrieben ist, und für den Veräußerer, wenn er das Eigentum überträgt, bevor er die Gegenleistung erhalten hat. Der Notar hat geeignete Sicherungsmaßnahmen angeregt.

3. Unbeschadet der Vereinbarung in dieser Urkunde haften die Vertragsteile gesamtschuldnerisch für Kosten und Steuern und haftet der Grundbesitz für öffentliche Lasten und Abgaben, insbesondere für einen etwaigen Erschließungsbeitrag.

4. Diese Urkunde muß alle getroffenen Vereinbarungen enthalten; insbesondere müssen die Gegenleistungen vollständig angegeben sein. Mündliche Nebenabreden sind nichtig und können die Unwirksamkeit des ganzen Vertrages zur Folge haben.

IX. Kosten und Steuern

Die Kosten dieser Beurkundung, der Genehmigungen und alle sonstigen Kosten, die infolge der Beurkundung entstehen, trägt der Erwerber, ebenso die Kosten des Vollzugs im Grundbuch sowie die Grunderwerbsteuer.

Die Kosten der Lastenfreistellung trägt der Veräußerer.

X. Abschriften

Von dieser Urkunde erhalten

1. je eine beglaubigte Abschrift:
   jeder Vertragsteil
   das Grundbuchamt
   der Grundstückseigentümer

2. unbeglaubigte Abschriften:
   das Finanzamt – Grunderwerbsteuerstelle –
   der Gutachterausschuß.

Anlage 1

Einigung und Einigungsantrag

Die Vertragsteile sind über den vereinbarten Übergang des Erbbaurechts

einig

und

bewilligen und beantragen

die Eintragung der Rechtsänderung in das Grundbuch, sowie den Vollzug aller Anträge.

Stichwortverzeichnis

Die Zahlen verweisen auf die Randnummern.

Abgaben	51 ff.
Abtretung	98
Ankaufspflicht	287
Ankaufsrecht	81 ff.
Anpassungsklausel	287
– abstrakte	175 ff.
– konkrete	175 ff.
Anpassungsvereinbarungen	147 ff., 69 ff.
Anpassungsverpflichtung	154
Anpassungsvoraussetzungen, Erbbauzins	174
Arrestvollziehung	99 ff.
Aufhebung, Erbbaurecht	248 f.
Ausübungsbefugnis, Erbbaurecht	27 ff.
Bauverpflichtung	7
– Inhalt	47
Bauwerk	10 ff., 287
– Eigentumserwerb	11 f.
– Errichtung	7, 46 ff.
– Instandhaltung	7
– Versicherung	49 f.
– Verwendung	7
– Wiederaufbau nach Zerstörung	49 f.
Bebauung, Art	15
Bedingungen, Erbbaurecht	36 ff.
Belastung, Erbbaurecht	84, 94 ff.
– Zustimmung	109 ff.
Belastungsgegenstand	18
Besichtigungsrecht	48, 287
Bestellung, Erbbaurecht	124 ff.
Bestimmtheitsgrundsatz	31, 147 ff.
– Bauwerk	15
Bewertungsmaßstab, Anpassung des Erbbauzinses	174
BGH, Golfplatz-Urteil	13 ff.
Bodenwert	135
Bruchteilseigentümer	33
Bruchteilsgemeinschaft	32
Campingplatz	10
Dauerrechtsverhältnis	2
Eigentümer, Verkaufsverpflichtung	81 ff.
Eigentümererbbaurecht	35, 65
Eigentumsbildung	1
Eigentumserwerb, Bauwerk	11 f.
Entschädigung	287
Entschädigungsanspruch, gesetzlicher	215 ff.
Erbbauberechtigter	33
Erbbaugrundbuch	4
– Eintragung	168
Erbbaugrundstück, Teilung	252 ff.
Erbbaurecht, Aufhebung	248 f.
– Ausübungsbefugnis	27 ff.
– Ausübungsbereich	12
– Beginn	287
– Begriff	8 ff.
– Belastung	94 ff., 250 ff.
– Bestellung	124 ff.
– Dauer	211 ff.
– dinglicher Inhalt	6
– Erlöschen durch Aufhebung	211
– Erlöschen durch Zeitablauf	212 ff, 281 ff.
– gesetzlicher Inhalt	6, 9 ff.
– Grunderwerbsteuer	272 ff.
– Inhaltsänderung	244 ff.

Stichwortverzeichnis

- Laufzeitverlängerung 276 ff.
- mehrere, auf einem Grundstück 234 f.
- ohne Erbbauzins 195
- rechtsgeschäftliche Aufhebung 279 f.
- Rechtswirkungen 103
- Teilung 255 f.
- Übertragbarkeit 36 ff.
- Übertragung 237 ff.
- Veräußerung 94 ff.
- Vererblichkeit 36 ff.
- vertraglicher Inhalt 41 ff.
- zeitliche Befristung 79

Erbbaurechtsurkunde 6
Erbbaurechtsvertrag,
   Muster 288
- nichtiger 126

Erbbauzins 6, 135 ff.
- Anpassung 174 ff.
- Begriff und Inhalt 138 ff.
- dingliche Sicherung 191 ff.
- Entstehung 142 ff.
- Fälligkeit 163 ff.
- fehlende Wertsicherung 270
- Verjährung 141

Erbbauzinsänderung 287
Erbbauzinserhöhung 287
Erbbauzinsreallast, Rang 210
Erneuerung, Vorrecht 76 ff.
Errichtung, Bauwerk 46 ff.
Ertragswert 69
Euro-Einführungsgesetz 158 ff.
Fälligkeit, Erbbauzins 163 ff.
Fälligkeitszeitpunkt, Formulierungsvorschlag 145
Finanzierungsgrundpfandrecht 194
Flächengröße 22
Formzwang 118
Gegenleistung 120
Genehmigungen 127 ff.
Gesamtberechtigung 34

Gesamterbbaurecht 225 ff.
Gesamthandseigentümer 33
Glaubenswechsel 61
Gleisanlage 10
Golfplatz 10
Golfplatz-Urteil, BGH 13 ff.
Grenzverlauf 22
Grundbuchberichtigung 262
Grundbucheintragung 124 ff., 129 ff.
Grundbucherklärungen 6
Grunderwerbsteuer 272 ff.
Grundpfandrecht, Untergang 219
Grundpfandrechtsbestellung 102
Grundstücksgrundbuch 4
Grundstückswert 135
Heimfall 56 ff., 287
Heimfallanspruch 48
Heimfallgründe 58 ff.
Heimfallrecht 7
- Ausübung 65 ff.
- Formulierungsvorschlag 64
- Inhalt 65 ff.
- Vergütung 68 ff.
Inhaltsänderung, Erbbaurecht 244 ff.
- zustimmungspflichtige 98
Inhaltsvereinbarung 154
Insolvenz 60, 99 ff.
Instandhaltung, Bauwerk 46 ff.
Kaufzwangklausel 81 ff., 87
Kirchenaustritt 61
Konkurs 60
Kündigungsmöglichkeiten, Erschwerung 97
Lageplan 22
- amtlicher 31
Lasten, öffentliche und privatrechtliche 51 ff.
Laufzeit 135

Lebenshaltungskostenindex	186
Leistungsstörungen	119
Leistungsvorbehaltsklauseln	178
Leitklauseln	178
Mustererbbaurechtsvertrag	291
Nachbarerbbaurecht	231 ff.
Nacherbenvermerk	287
Nebenleistungen, Erhöhungen	97
Neue Bundesländer	5
Nichteintritt, Erwerber	60
Nutzungsbefugnis,	28
geteilte Nutzungsentschädigung	287
Obererbbaurecht	221
Preisangabengesetz	188 ff.
Preisklauselverordnung	188 ff.
Rangstelle, ausschließlich erste	130
Reallast, Eintragung	205 ff.
– Untergang	219
Rechtsnachfolgeklausel	123
Rechtsnachfolger	6
Sachenrechtsänderungsgesetz	198 f.
Sachenrechtsbereinigung	5, 16
Sachenrechtsbereinigungsgesetz	147 ff., 191 ff.
Schuldnerverzug	164
Sittenwidrigkeit, Heimfallgründe	59
Sonderrechtsnachfolge	54, 90
Spannungsklauseln	178
Steuern	51 ff.
Stillhalteerklärung	197
Straße	10
Teilflächen	19 ff.
Teilung, horizontale, Verbot	17
Tennishalle	10
Tiefgarage	10
Tod, Berechtigter	60
– Grundstückseigentümer	60
Übertragung, Erbbaurecht	237 ff.
Umwandlung, von Grundschuld oder Hypothek	98
– Wohnungserbbaurecht in Wohnungseigentum	257 ff.
Untererbbaurecht	220 ff.
Untergang, von Grundpfandrechten und Reallasten	219
Veräußerung, Erbbaurecht	94 ff.
Verbot, horizontaler Teilung	17
Verfügungsbeschränkungen	88 ff.
Vergleich	60
Vergütung, Heimfallrecht	68 ff.
Verjährung, Erbbauzins	141
Verkaufsverpflichtung, Eigentümer	81 ff.
Vermessung	25
Versicherung	7
Vertragsstrafe	74 f., 287
Vertragsverletzungen	7
Verwendung, Bauwerk	46 ff.
Vollzug, grundbuchrechtlicher	23
Vorkaufsrecht	121, 287
Vormerkung	70
Vorrecht, auf Erneuerung	76 ff.
Weitergabeverpflichtung	116
Wertsicherung	156, 169 ff., 287
– fehlende, Anpassung des Erbbauzinses	270
Wertsicherungsklausel	287
Wiederaufbau	7
Wohnungseigentum	32

- Umwandlung in
  Wohnungserbbaurecht 257 ff.
Wohnungserbbaurecht 236
- Umwandlung in
  Wohnungseigentum 257 ff.
Zahlungspflicht, Beginn 167 f.
Zahlungsverzug 7
Zerstörung, Wiederaufbau 49 f.
Zinserhöhungen 97
Zinseszinsverbot 164
Zustimmung 287
- Ersetzung 112 ff.
Zustimmungsanspruch 104

Zustimmungspflicht 287
Zuwiderhandlung,
  gegen bestimmte
  Verpflichtungen des
  Erbbaurechtsvertrages 60
Zwangsversteigerung 60
- Anordnung 101
Zwangsverwaltung 60
Zwangsvollstreckung 99 ff.
Zwangsvoll-
  streckungsunterwerfung 122, 170 ff.
- Formulierungsvorschlag 173

Zopfs
Maklerrecht

Reihe: **ZAP-mandatscript**
1. Auflage 2001,
96 Seiten, broschiert,
DM 48,-

ISBN 3-89655-038-1

Richter am BGH a. D.
Dr. Jannpeter Zopfs
Maklerrecht

Das Werk bietet einen schnellen und praxisbezogenen Überblick über das Maklerrecht. Angesprochen werden der Maklervertrag, der Provisionsanspruch, Pflichtverletzungen sowie die besonderen Maklerverträge und das AGB-Recht. Systematische Erläuterungen durchleuchten das Rechtsgebiet. Das ausführliche Rechtsprechungslexikon gibt dem Anwalt die wichtigsten Entscheidungen als Richtschnur an die Hand. Arbeits- und Beratungshilfen und ein mit Hinweisen versehenes Muster eines Maklervertrags ergänzen das Buch.

www.zap-verlag.de

 Verlag für die
Rechts- und
Anwaltspraxis

Alberts/Strähnz
Betreuungsrecht

Reihe: **ZAP-mandatscript**
1. Auflage Juli 2001,
176 Seiten, broschiert,
DM 58,-

ISBN 3-89655-067-5

Richter am Amtsgericht Hermann Alberts/ Rechtsanwalt Alexander Strähnz
Betreuungsrecht

Das Werk bietet einen schnellen Einstieg in diese nur mit größtmöglicher Sensibilität handzuhabenden Rechtsmaterie. Neben der Vermittlung des „Grundrüstzeugs" zur entsprechenden Mandatsbearbeitung bietet das Werk auch dem bereits erfahrenen Betreuungsrechtler eine Fülle an nützlichen Informationen aus der Feder zweier erfahrener Praktiker.

www.zap-verlag.de

Verlag für die Rechts- und Anwaltspraxis